약학박사가 풀어 쓴

老子

오익상 편저

道德經

만족을 모르는 것보다 더 큰 화가 없고
욕심보다 더 큰 허물은 없다.
그러므로 만족할 줄 알면 부족함이 없다.

노문

저자 오익상

■ **약력**
- 서울대학교 약학대학 졸업
- 서울대학교 약학대학원 동덕여자대학원 약학박사
- 이화여자대학교 임상보건대학원 한약학 강사
- 삼성 그룹 중앙연구소 제약팀장
- 은퇴

■ **저서**
- 약학박사가 풀어쓴 〈論語 이야기〉

1. 편저자의 말 ··· 4

2. 《道德經》 ·· 7
   · 상편/도경(1~37장) ··· 9
   · 하편/덕경(38~81장) ·· 127

3. 부록 ··· 259
   · 《老子》정리 ·· 259
     1) 《老子》는 누구인가? ·· 259
     2) 《老子》《道德經》 ·· 261
     3) 《老子》의 사상 ·· 261
     4) 《老子》 사상의 영향 ··· 263

4. 참고문헌, 출처 ·· 263

편저자의 말

『老子』란 늙은 선생이라는 뜻이다. 여기서 '老' 자의 원의는 단순히 늙음을 넘어, 노련함과 원숙함의 의미도 지닌다. 동양에서 노인은 단지 나이가 많은 존재가 아니라, 공경과 배움의 대상이었다. 노인은 비록 육체는 약해졌을지라도 긴 세월을 견뎌온 내공과 인생의 풍상을 이겨낸 지혜로 가득하다. 허연 머리카락과 깊게 패인 주름마다 삶의 흔적이자, 깊은 사유의 집적이요, 넉넉한 삶의 통찰, 그리고 노련한 처세의 달인이다. 쉽게 경거망동하지 않으며, 자기중심을 잃지 않는 유연성과 강인함, 대담함도 지닌 존재다.

내가 아는 『老子 道德經』은 심오한 철학적 매력을 지닌 소중한 경전이다. 춘추전국시대나 오늘날이나, 과연 사람이 편안하고 태평스런 시대가 있었던가? 시대의 불안과 불만은 언제나 존재해 왔고, 과학과 문명이 발전했다고 해서 인간의 삶이 반드시 풍요롭고 행복한 것만은 아니었다. 오히려 과학이 덜 발달하고 문명의 이기가 적은 사회, 아니 자연에 더 가까운 삶이야말로 진정한 행복을 누리는 길일 수 있음을 시사한다. 老子는 바로 이런 생각을 일찍이 주장하였고, 그의 사상은 동양 철학 전반에 깊은 영향을 끼쳤으며 오늘날에도 그 의미는 더욱 커지고 있다. 그는 도교의 시조이자 철학자이며 사상가요, 시인이었다. 그의 핵심 사상은 '道'와 '德', 그리고 '無爲自然'에 있다.

'道'는 우주 만물의 근원이자 시원이며, 모든 자연 변화의 기본 법칙이다. 형이상학적인 개념으로 이름 붙일 수 없고 설명할 수 없지만, 만물에 스며 있어 조화로운 질서를 이루는 힘이다.

老子는 '德'을 자연의 원리와 조화를 이루는 삶의 방식으로 이해했고 단지 개인의 도덕성을 넘어, 무위자연과 조화를 이루는 삶의 태도를 강조했다. 그렇다면 '無爲'란 무엇인가. 老子는 '위(爲)'를 헛된 행위, 사욕, 부질없는 애씀, 억지라 했다. 무위는 '행함이 없으나 하지 않음이 없고, 하늘과 가까워지고, 땅을 아는 것이며, 화려한 문명으로부터 멀어지는 것'이라고 했다. 욕심과 억지가 아닌 자연스러운 삶, 문명과 지식, 이기(利器)를 멀리하는 삶을 통해 진정한 德이 드러난다고 주장한다. 그는 인간이 자연에서 태어나 자연으로 돌아가는 존재로서, 무위의 방식으로 살아야 한다고 일러준다. 인위는 반드시 탈을 내고 허물을 남긴다. 또한 자연은 정복하거나 파괴할 대상이 아니라, 함께 어울리고 살아야 할 진정한 가치의 근원임을 설파한다. 왜냐하면 만물은 하나의 몸이기 때문이다.

천하를 호령하던 황제도, 위세 높은 무장도, 재능과 지혜를 자랑하던 인재들도 결국은 한때 화려하게 피었다지는 십일홍(十日紅)에 지나지 않는다. 무위자연의 삶이야말로 老子가 말한 道에 합당하게 사는 것이며, 德을 발현하는 길이다. 老子는 道에 정박하라고 말한다. 그래야 고뇌를 이기고 난관을 극복하며, 존재와 가치와 의미를 다시 확고히 세울 수 있다고 한다. 그는 우주와 자연, 만물에 예외가 없기에 그것을 道요, 德이라 불렀다. 홀로 허정(虛靜)의 그늘에서 찬란한 각성을 길어 올린 것이다.

돌이켜보면, 그간의 삶이 사욕에 흔들린 허망은 아니었는지 자문하게 된다. 이제 인생의 끝자락에서, 마지막 여행을 시작하며 『老子 道德經』을 다시 마주하게 되었다. 수년 전부터 곁에 두고 있었지만, 제대로 읽을 기회가 없어 은퇴 후에야 정리할 수 있었다.

여기 담긴 해석은 어디까지나 필자의 독서 노트에 가깝다. 필자는 동양철학을 연구한 학자도 아니고, 전문가도 아니다. 단지 2,600여 년 전의 성인, 老子를 만나고 나 자신을 비추는 성찰의 거울, 곧 '척제현람(滌除玄覽)'을 세워보고 싶었다. 이 거울은 단순히 대상을 비추는 표상이 아니라, 각성의 회초리요, 하늘의 이치를 깨우는 지혜의 빛이자, 삶의 지침이 되는 혜안이다. 나는 이 거울이 햇빛과 공기, 물처럼 소중한 존재가 되어, '포일수중(抱一守中)'의 삶으로 이끄는 나침반이 되기를 바란다. 깨달음이란 결국 나를 나답게 하는 길이며, 진정한 행복이자, 곧 자연 그 자체이기 때문이다.

2025.6

일러두기

- 원문은 한자의 음을 〈위첨자〉로 표시하여 읽기 쉽게 하였다.

- 를 두어서 원문의 한자, 또는 자구(字句)를 재해설하였다.

▶ 각 장마다 중요한 한자를 하나씩 선택하여 그 유래를 적었다.
  (네이버 사전)

- 별도로 표를 만들어 한자를 뜻풀이하였다.

- 《해설》에서는 원문의 전체적인 의미와 함의를 해설하였다.

☞ 당시의 습관 또는 원문을 이해하는 데 도움이 되는 별도의 설명을 덧붙였다.

- 도(道)라는 글자는 특별히 道 또는 道로 표시하였다.

- 부록에는 《老子》의 사상을 정리하였다.

道德經

《老子》《道德經》81장 중 제1장~제37장을 上篇, 道經, 제38장~제81장까지를 下篇, 德經이라 하며, 이를 통틀어 《道德經》이라고 한다.

上篇/道經

1장   道는 우주 만물에 작용하는 신비의 문이다.

道可道非常道 : 道라고 말할 수 있는 道는 진정한 道가 아니다.
名可名非常名 : 이름 붙일 수 있는 이름은 진정한 이름은 아니다.

無 名天地之始 : 없음은 천지의 시작을 이름 붙인 것이고,
有 名萬物之母 : 있음은 만물의 어머니를 이름 붙인 것이다.

故常無 欲以觀其妙 : 그리하여 늘 없음으로써 道의 미묘함을 보려 하고,
常有 欲以觀其徼 : 항상 있음으로써 道의 작용(徼)을 보려 한다.

此兩者 同出而異名 : 無有는 같은 道에서 나왔으나 이름만 다르다.
同謂之玄 玄之又玄 : 다 같이 玄하다고 이르고, 현하고, 현하니
衆妙之門 : 온갖 妙함이 나오는 문이다.

■ 道可道 非常道 : '道를 道라고 할 수 있지만 (언제나), (변함없는), (진정한) 道는 아니다.' 여기서 道는 우주의 근원적 질서이자 만물의 본질을 의미한다. 可道는 말이나 문자로 표현하거나 정의할 수 있다는 뜻인데, 老子는 진정한 道는 언어나 문자로 온전히 표현될 수 없다고 한다.
세상의 모든 현상이나 존재에 붙여지는 이름은 한계가 있으며, 진정한 실재의 본질을 다 드러내고 표현할 수 없다는 것이다.

· 道는 길이나 방법이라는 뜻도 있지만, 인간의 제한된 언어와 논리, 생각으로 담아낼 수 없다. 세상의 어떤 무엇도 이것을 담아낼 수 없다. 세상 전체가 나오는 그 근원을 가리키는 말이기 때문이다. 철학적으로는 우주의 근본원리, 존재의 본질 또는 모든 것이 생겨나는 근원적 힘으로 이해된다. 형체도 없어 보이지 않고, 들을

수도 없고, 잡을 수도 없지만, 모든 것을 창조하고, 조화롭게 이어주는 원리로서의 道는 우주 만물의 뿌리이며, 道 없이는 어떤 것도 존재할 수 없다고 주장한다.

▌**常道** : 無, 玄道, 無物, 無極, 妙, 玄, 奧, 大, 抱一 등으로 표현되는 영원불변의 道.
· 常은 道德經에서 자주 반복되는 말로 절대, 불변, 영원, 본체, 근본원리 등 항상 변함없이 존재하는 진정한 것이라는 의미다.

▌**名可名非可名** : 이름 붙일 수 있는 이름은 진정한 이름이 아니다.

세상의 모든 현상이나 존재에 붙여지는 이름은 그 개념에 한계가 있으며, 진정한 실재의 본질을 다 드러내지 못한다.
· 道라고 이름 붙일 수 있는 이름은 영원한, 진정한 이름은 아니다. 道를 道라는 이름으로 명명할 수 있지만 영원한 이름이 아니듯이 부를 수 있는 명칭으로 그 존재를 표현한다면 항상 진정하고 영원한 이름이 아니다. 可道의 道와 可名의 名은 다 같이 참이 아닌, 제한된 道요, 名이다. 결국 常名이란 이름으로 부를 수 없는 것이요, 無名이며 常道다.

▌**道**는 어둠 같고(玄), 그윽하며(奧), 妙하기 때문에 구별하여 名이라고 하는 확실성을 붙인다. 道라고 하는 철학적인 개념과 名이라고 하는 물질적 현상세계의 대비로도 본다.

▶ **道**자는 길을 뜻하는 辶(쉬엄쉬엄 갈 착)자와 首(머리)자가 결합한 것으로 본래의 의미는 〈인도하다〉, 〈이끌다〉였으나 후에 〈사람이 가야 할 올바른 바른 길〉, 〈도리〉, 〈이치〉를 뜻하게 되었다.

▶ **常**자는 尙(오히려 상)자와 巾(수건 건)자가 결합한 모습으로 본래는 〈치마〉를 뜻했다. 그래서 常자는 집을 그린 尙자에 〈천〉이라는 뜻을 가진 巾자를 결합해 집에서 항시 두르는 〈옷〉이라는 뜻으로 만들어졌다. 후에 의미가 확대되면서 〈항상〉이나 〈변함없이〉라는 뜻이 되었다.

▶ **名**이란 저녁이나 밤을 의미하는 夕(석)+口(구)가 합쳐진 글자다. 어두운 저녁이나 밤에는 어두워서(玄) 상대방을 식별하기 불가능하므로 이름을 불러 구별한 데서 유래된 것으로써 名은 어둠 속에서의 뭔가를 구별, 차별의 것 그것이 부르는 이름이다.

▌**無名天地之始** : 無는 천지의 시작이다.

형체가 없는 상태, 즉 빅뱅이전의 우주가 생성되기 이전의 혼돈 또는 근원적인 공(空)의 상태로써 이것이 곧 우주의 시작이라고 명명한 것이다. 無는 道요 常道인데 천지의 시작이다. 아직 천지가 생기기 이전의 상태를 道 또는 無極이라는 잠재된

씨앗, 뿌리, 태극의 하나(一)였고, 그것은 현상계 즉 천지 만물, 음양, 둘(二)이라고 하는 무궁무진한 것을 懷妊(회임)하고 있지만 그것은 아직 無요, 始(시작)다.(42장 참조)

▌有名萬物之母 : 有는 만물의 어머니라 명명한다.

有는 형체가 있는 상태, 즉 無에서 생성된 만물과 현상을 말하며 이는 만물이 생겨나는 근원적 힘을 말한다. 無에 대한 有도 道의 작용을 나타낸 것으로, 道는 만물을 생하는 어머니다. 여인이 회임했다가 출산하듯, 만물을 회임했던 道가 드디어 천지를 출산하여 양육하는 것이다. 그러니 그 여인(道, 하느님, 神)은 천지의 어미요, 또한 그 어미는 천지를 입히고 돌보며 정성껏 키운다.

☞ 無의 始(女+台)와 有의 母는 모두 여인이다. 따라서 無든 有든 천지의 탄생은 여인의 능력인 출생과 관계가 있다.

▶ 始란 여인(女)이 숟가락[(비(匕)]을 아이 입(口)에 갖다 대는 모습으로 여인이나 어머니가 아이를 양육하는 것을 의미한다.

▌常無 欲觀其妙 : 그러므로 언제나 無로써 그 미묘함을 보려 한다.

無의 상태에서 道의 미묘하고 심오한 이치를 깨달을 수 있다. 妙는 道의 미묘하고 심오한 진리를 의미한다.
. 常無는 道라고 명명하지 않으면, 道의 妙를 본다.
· 道니 名이니 하여 구태여 命名하고자 하면 절대 진리인 道의 妙를 볼 수 없다.
☞ 道, 무위의 상태, 절대 진리가 존재하는 상태는 無의 상태, 욕심 특히 이기적인 사욕이 배제된 상태에서 우주의 妙를 볼 수 있을 것이다. 無란 무위요, 자연이며, 있는 그대로이며 뭔가를 꾸미려고 하지 않는 상태에서 진정한 道의 세계가 묘함을 관조할 수 있을 것이다.

▌妙 : 道의 深遠幽微한 현상, 깊고 아득하고 그윽하고 미세하여 보이지 않고 설명할 수 없는 미묘함(원리, 순환 작용)이다.

▌常有 欲觀其徼 : 언제나 有로써 그 현상을 보려 한다.

有의 상태에서 만물의 드러난 현상세계의 모습을 관찰하려는 것이다. 徼는 道의 작용의 결과로 드러난 징조, 경계, 모습이다. 언제나 무위의 상태에서는 무위(道, 우주, 하느님, 신)의 현묘한 작용. 절대 세계의 현묘함의 결과를 보고자 한다면 (有欲) 그 현묘한 작용(徼)을 볼 수 있을 것이다.

道 德 經/上篇 • 13

- ·徼 : 작용하다. 순행하다. 道의 보이지 않는 작용의 결과로 나타난 현상, 경계, 즉 천지, 우주 만물. 자연 현상 등.
- ☞ 欲 : 하고자 함(爲)이요, 무는 무위이니, 자연이고, 유욕은 유위이고 인위를 일컫는다. 欲은 마음의 소산이요, 爲는 행위의 결과다. 妙는 설명할 수 없으니 미묘할 뿐이다.
- ☞ 妙와 徼는 어미와 아들 같다. 알 수 없고 이름 붙일 수 없는 무위의 어미와 무궁 무진한 자식을 잉태하여 출산한 자식이니 그 자식은 바로 천지 만물이요, 우주 만물의 현상계다. 우리는 결과를 통해서 원인을 알기도 한다. 道의 작용으로 생긴 우주 만물의 徼를 보고 이를 존재하게 한 원인인 道의 妙를 추적, 유추할 수 있어서 妙는 道요, 徼는 德이라고 볼 수 있다.

▌此兩者同出而異名 : 이 無와 有는 같은 근원(道)에서 나왔지만 이름만 다르다.

無와 有는 서로 대립하는 개념처럼 보이지만, 실제로는 동일한 道에서 파생된 것으로 이름만 다를 뿐이다.
- ☞ 者 : 〈~하는 것〉(은, 는, 이, 가) 〈~하는 사람〉, 〈~하면〉의 의미를 가지며 주어 〈은, 는, 이, 가〉로 해석되어 〈이 둘〉〈은〉의 뜻이 된다.
- ☞ 而 : 접속사로서 〈그리고, 그래서〉, 또는 〈그러나〉의 順接이나 逆接하는 허사이다. 때로는 대명사 〈너〉의 의미로도 쓰인다.

▌同謂之玄 玄之又玄 : 모두 현(玄)이라 이른다. 현하고 또 현하니, 모든 오묘함의 문이다.

· 無와 有, 그리고 그 근원(道)은 모두 헤아릴 수 없이 깊고 오묘하다는 의미에서 玄이라고 한다. 玄이란 검푸른 빛깔처럼 깊이를 알 수 없는 신비하고, 심오함을 나타낸다. 가장 심오하고 오묘하며, 이 玄의 경지에 다다르면 세상의 모든 진리와 미묘함에 이르는 문이 열린다는 뜻이다.
· 無名이니 有名이니 하는 것은 모두 道에서 나온 것일 뿐 이름만 다르다. 無 가운데 有가 있고, 有 가운데 無가 있으니 이를 玄妙하다고 한다.
· 玄은 그윽하고 아득하며, 어두워서 알 수 없는 경지요, 황홀함이요, 無다. 그 無는 虛요, 여래의 空이다.

▶ 玄자는 亠(돼지머리)자와 幺(작다)자가 결합한 것으로 玄자는 〈활과 시위〉를 의미하며 전통적인 활시위는 옻나무의 진액이나 송진을 발라 현의 수명을 길게 했는데 이때 가공된 활시위의 색깔이 검은 빛을 띠었기 때문에 玄자는 후에 〈검다〉의 뜻이 되었다. 따라서 玄자는 〈흑색, 검다〉라는 뜻이지만 오묘한 색으로 도의 깊은 뜻을 표현할 때 빈용되며 妙와 같은 의미이다.

- 道에도 색깔이 있는데 그 색깔은 검은색, 오묘한 색, 玄이다. 道는 도대체 어떻게 생겼는가? 그 모습은 深遠(심원)하며 幽微(유미)하고, 어두워 보이지도, 들리지도 않고 손에 잡히지도 않는다.

▌衆妙之門 : 道는 수많은 미묘한 것이 나오는 문이다.
즉 무궁무진한 우주 만물이 탄생하는 문이다.
- 門 : 근원, 근본. ·이 문은 대자유의 문이요. 미묘가 출입하는 문이요, 탄생의 문이다. 해탈의 문이요, 득도의 문이며, 道의 문이다.

▶ 妙자는 女(여자)+少(적다)가 결합한 모습이지만 본래 〈오묘하다〉라는 뜻은 玅(묘하다)자가 먼저 쓰였었다. 玄자는 활의 시위를 그린 것으로 활은 시위를 당겼다 놓을 때마다 오묘한 소리를 내기 때문에 玅자는 여기에 착안해 〈심오하다〉나 〈오묘하다〉라는 뜻이었으나 후에 妙자가 〈오묘하다〉라는 뜻을 대신하게 되었다. 아름다운 여자가 풍기는 오묘하고도 미묘한 느낌을 표현했던 것이다.

이치 道, 가할 可, 아닐 非, 항상 常, 이름 名, 없을 無, 하늘 天, 땅 地, 처음 始, 만물 萬, 만물 物, 어미 母, 그러므로 故, 하고자 할 欲, 살필 觀, 묘할 妙, 순행할 徼, 이 此, 둘 兩, 그것 者, 한가지 同, 날 出, 어조사 之, 이를 謂, 무리 衆, 문 門, 그러나 而, 다를 異, 현묘할 玄, 또 又

《해설》

道德經 1장은 老子 철학의 핵심인 道는 말이나 문자로 표현될 수 없다고 했다. 변함없는, 언제나, 진정된, 영원한 道, 즉 常道는 우주 만물이 드나드는 현묘하다고 道의 본질을 설명한다. 道는 언어와 개념으로 온전히 파악할 수 없는 초월적인 존재임을 강조한다. 이는 인간의 언어나 문자로 개념화하고 정의하는 순간 그 본질이 사라지고 의미가 축소, 제약되어 실체적 접근과 이해를 어렵게 만든다.
인간이 쓰는 언어 문제의 한계를 절실히 느끼는 대목이다. 道(진리)는 언어와 문자를 넘어선 영역에 존재하며, 유한한 인간의 언어로는 그 무한한 개념을 담아낼 수 없다. 따라서 진리는 미묘하고 현묘하여 쉽게 이해하기 어려운 말로 표현될 수밖에 없다.
그러므로 道는 언어적, 문자적인 설명이 아닌, 염화시중의 미소처럼 마음에서 마음으로 전해지고 허정(虛靜)의 침묵 속에서만 소통되는 채널과 같다. 말 대신 마음을 읽고, 고요한 침묵 속에서 진리를 깨닫는 것이다. 진리는 삶처럼 아는 만큼, 깨달음의 깊이만큼 체득되고 이해되며 경험되는 것인지도 모른다. 언어는 객관적 사실의 전달에는 유용하지만, 진리를 묘사하는 데는 불완전한 수단일 수밖에 없다.

· 老子는 道의 본질을 불완전한 언어로 표현하거나 정의하지 말라고 강력하게 주장한다. 언어라는 틀을 넘어선, 문자에 의존하지 않고 마음에서 마음으로 전해지는 것이 바로 참된 道(不立文字, 敎外別傳)라는 것이다.

· 道는 단순히 다니는 길이 아닌, 우주 만물의 생성소멸의 원리이자 존재 방식이며 형이상학적 실체다. 자연과 우주의 길(路, 途)이며, 자신을 알기 위해 마음을 여는 방법이기도 하다. 모든 종교가 추구하는 길이자 진리의 이치일지라도, 인위적으로 만들어지고 꾸며진 道는 영원한 참된 道가 아니다. 불변의 진리는 상대적인 유무가 아닌 절대적인 無, 무위자연에서 그 오묘함을 찾아야 한다.

· 常道는 자연스럽고 영원한 참된 道인 반면, 〈非〉常道는 인간의 인위적인 道이며 일시적, 형식적이다. 그러나 〈非常〉道는 예사롭지 않은 심오한 道다. 따라서 진리인 道는 말로 표현되는 순간 거짓되고 축소되므로, 老子는 儒家의 仁義之道나 佛家의 見性之道와 다른, 언어로는 도저히 표현할 수 없는(言語道斷) 미묘한 무위자연의 常道를 말하고 있다.

· 無는 천지의 시작이고 有는 만물의 어머니지만, 이 둘은 결국 같은 근원인 道에서 나온 것으로, 모두 헤아릴 수 없는 심오함(玄)을 지닌다고 말한다. 이 심오함이야말로 모든 오묘한 진리가 나오는 문이라고 결론짓는다.

2장 聖人은 無爲를 일삼고 말 없는 가르침을 행한다.

天下皆知美之爲美 : 세상 사람들은 다 (꾸며진) 미를 (진짜) 미로 아는데
斯惡已 : 그것은 이미 추할 뿐이고
皆知善之爲善 : 모두가 다 (꾸며진) 선을 (진짜) 선으로 알고 있지만
斯不善已 : 그것은 이미 악할 뿐이다.

故 有無相生 : 그런 까닭에 有와 無가 서로 생기고
難易相成 : 어려움과 쉬움은 서로 이루며
長短相較 : 긴 것과 짧은 것을 서로 비교되고
高下相傾 : 높은 것과 낮은 것으로 위치하고,
音聲相和 : 음악과 소리는 서로 어울리고
前後相隨 : 앞과 뒤는 서로 따른다.

是以聖人 處無爲之事 : 이 때문에 성인은 무위로 일을 처리하며
行不言之敎 : 무언의 가르침을 행하고
萬物作焉 而不辭 : 만물을 생성해도 간섭하지 않고
生而不有 : 낳았으되 소유하지 않고,
爲而不恃 : 행하고 의지하지 않고
功成而不居 : 공을 이루되 머물지 않는다.

夫唯不居 : 오직 머물지 않으니,
是以不去 : 그래서 떠날 일도 없다.

■ 天下 皆知美之爲美 斯惡已 : 천하가 다 꾸며진 미를 진짜 미로 아는데 그것은 추(醜)한 것이다.
- 美之爲美 : 꾸며진 미를 진짜 미라고
- 已 : ~뿐이다. 이미, 말다, 그치다.

■ 皆知善知爲善斯不善已 : 모두가 꾸며진 선을 진짜 선으로 알지만 그것은 악이다.
- 爲善 : 善行인데 老子의 눈에는 僞善이고 假飾이다.
- 인간이 규정하는 '아름다움'이나 '선함'은 고정된 절대적 가치가 아니라, 그 반대편에 있는 개념과 비교되는 상대적인 것일 뿐이다. 이러한 이분법적 사고는 오히려 분별심과 갈등을 낳을 수 있다.

■ 有無相生, 難易相成 長短相較 高下相傾 音聲相和, 前後相隨 : 사람이나 물질의 세계에서는 미추, 선악. 무위와 유위, 유무, 난이, 장단, 고하, 음성, 전후가 있으니 이런 상대적 개념, 이원성에 현혹되지 말고 참된 道의 눈으로 판단하라는 말이다. 이는 만물이 조화를 이루며 끊임없이 변화하는 자연의 이치를 깨닫고 하나가 존재하려면 다른 하나가 있어야 하고, 이 둘은 서로를 보완하며 전체를 이룬다고 주장한다.

■ 是以聖人處無爲之事 : 이 때문에 성인은 상대적인 이치를 깨닫고 無爲로 일을 처리한다. '無爲'는 아무것도 하지 않는다는 뜻이 아니라, 인위적인 욕심이나 의도를 가지고 억지로 일을 벌이지 않고, 자연의 흐름에 순응하며 최소한의 개입으로 일을 처리하는 방식이다.
☞ 道德經에서 성인이란 道를 체득한 사람, 道를 잘 행하는 자, 하나를 품은 자(抱一), 樸을 남김없이 하는 자, 靜과 柔를 지키는 자 등으로 표현된다.

■ 行不言之敎 : '무위자연의 道처럼 말 없는 행동으로 가르친다.'
이는 굳이 말로 가르치려 들지 않아도, 성인의 자연스러운 행동과 존재 자체가 백성들에게 모범이 되고 깨달음을 주기 때문이다.

■ 萬物作焉而不辭, 生而不有, 爲而不恃, 功成而弗居˚ 夫唯弗居, 是以不居˚

성인은 만물을 생성되게 하면서도 자신의 공으로 여기지 않고(不辭), 낳으면서도 소유하려 하지 않으며(不有), 무엇인가를 하면서도 공을 기대지 않고(不恃), 공을 이루었어도 그 자리에 머무르지 않는다(弗居).

· 老子는 이러한 '머무르지 않는' 태도야말로 그 공이 영원히 유지되는 비결이라고 했다. 공에 집착하고 소유하려 들면 오히려 그 공이 사라지게 된다는 역설이다.

▍道德經에서 無爲之事, 行不言之敎, 生而不有, 爲而不恃, 功成而不居 등이 다섯 구절은 성인을 묘사하는 말로 빈용되는 字句다.

성인의 처세란 道의 처세요, 무위자연의 처세다. 우주 만물을 무위의 마음으로 다스리고 말 없는 가르침으로 우주를 변화시키고, 우주를 낳았지만 자기 것으로 욕심 부려 소유하지 않으며 어떤 일을 행하되 어떤 대가도 바라지 않으며, 공을 이뤘으되 그 공덕 위에 존재하지 않고 우주 질서의 원리 즉 道에 따라서 살라는 말이다. 결국 인간으로 하여금 욕심과 인위적인 것이 문화와 인간 세상을 발전, 발달시킨다는 착각에 빠져있으니, 무위의 삶을 살라는 주장이다.

▶ 美자는 양(羊)+大(큰 대)자가 결합한 모습이다. 갑골문에서는 양(羊)은 상서로움을 상징하기에 美자는 양의 머리를 장식으로 한 사람을 그린 것으로 본다. 고대에는 제를 지내거나 의식을 치르기 위해 제사장이 머리에 특별한 장식을 했었다. 그래서 美자는 머리에 양의 뿔이나 깃털 장식을 한 사람을 그려 〈아름답다〉라는 뜻이 되었다.

하늘 天, 아래 下, 모두 皆, 알 知, 아름다울 美, 어조사 之, 이 斯, 추할 惡, 조사 已, 착할 善, 그러므로 故, 있을 有, 없을 無, 서로 相, 낳을 生, 어려울 難, 쉬울 易, 이룰 成, 긴 長, 짧을 短, 모양 形, 높을 高, 기울 傾, 소리 音, 소리 聲, 화할 和, 앞 前, 뒤 後, 따를 隨, 이 是, 까닭 以, 성인 聖, 사람 人, 머물 處, 일 事, 행할 行, 말씀 言, 가르칠 敎, 일 事, 다수 萬, 만물 物, 지을 作, 어찌 焉, 그래서 而, 주재할 辭, 바랄 恃, 공로 功, 아닐 不, 머물 居, 오직 唯, 갈 去

해설

여기서 老子는 〈상대성을 넘어선 무위의 道〉를 강조한다. 사랑과 증오, 즐거움과 고통처럼 세상의 모든 것은 상반되는 두 요소가 함께 존재한다고 말한다. 아름다움이 있는 것은 추함이 있기 때문이며, 선이 있는 것은 악이 있기 때문이다. 존재와 무, 난이, 장단, 고저, 음과 성, 전후 또한 마찬가지다. 老子는 이러한 상대적인 개념에 얽매이지 말고 초월하여 영원불변의 道의 세계, 즉 無爲의 삶을 강조한다. 만물이 道의 원리를 따르듯, 현명한 지도자는 인위적인 개입 없이(無爲) 자연스러운 방식으로 세상을 다스려야 한다. 그것은 성인의 무위 즉 無爲之事(무위지사)와 無言之敎(무언지교), 만물을 생성화육(生成化育)하되 기대하지도 대가를 바라지 않고 낳았으되 소유하려 하지 않고(生而不有), 공을 이루었으되 자랑하지 않으며(爲而不恃), 그 공에 머무르려 하지 않는다(功成而不居) 것은 지혜로운 것이다. 공에 머무르면 더욱 집착하게 되고, 이는 곧 화를 부르는 인간 세상의 이치이다. 오직 머물지 않아야 떠날 일도 없는 것처럼, 무위의 삶은 집착 없이 자연스럽게 흘러가는 하늘의 道와 같다.

다시 말하면 가치 없고 잘못된 상대적인 현상 앞에서 인간이 주관적으로 판단하고 규정하는 한, 무엇이 참인지 분별하기 어렵다. 그러므로 老子는 영원하고 참된 무위자연의 道를 따르라고 역설한다.

3장 無爲로 하면 다스리지 못할 것이 없다.

不尙賢 : 어짊을 숭상하지 않으면
使民不爭 : 백성이 싸우지 않게 되고
不貴難得之貨 : 얻기 어려운 재화를 귀하게 여기지 않으면
使民不爲盜 : 백성들은 도둑질하지 않고
不見可欲 : 탐낼 것을 보이지 않으면
使民心不亂 : 민심이 혼란스럽지 않을 것이다.

是以 聖人之治 : 그러므로 성인의 다스림은
虛其心實其腹 : 백성의 마음을 비우게 하고 배를 든든하게 채워주고
弱其志 强其骨 : 뜻은 약하게 하고 뼈를 튼튼하게 해주어
常使民 無知無欲 : 백성들의 인위적 지식과 욕망을 없애고
使夫智者 : 무릇 지혜있는 자들로 하여금
不敢爲也 : 감히 인위적으로 뭘 못하게 한다.
爲無爲則無不治 : 이와 같이 無爲로 하면 다스리지 못할 것이 없다.

▎不尙賢 : 현명함이나 능력이 있는 자를 높이 받들지 말라.

· 尙 : 자랑스럽게 여기다(肯). 높여준다(上)로 풀이한다.

· 賢 : 能의 뜻으로 능력자, 잘난 사람이다. 이 잘난 사람은 박(樸)이 없고 말은 유창하고, 글은 화려하며 위선을 즐기는 인위자다.

■**不見可欲**〔불현가욕〕: 모든 사람이 야욕을 부리고, 갖고 싶은 것을 보이는 것은 결국은 낭비나 사치와 위선을 초래한다. 또한 이것을 갖기 위해 욕심부리고 다투게 되기 때문에 보이지 않게 하라. 참된 땀이 수반되지 않은 노고는 허세요, 욕심이다.

■**實其腹**〔실기복〕: 굶주린 배를 가득 채우다.

■**弱其志**〔약기지〕: 쓸데없는 야욕을 약화시키다.
· **志**〔지〕: 쓸데없고 부질없는 야욕, 야망, 욕망

■**使夫知者不敢爲也**〔사부지자불감위야〕: 뭐 좀 안다고 하는 지식인이 함부로 활동하지 못하게 하다.

▶ 爲〔위〕자는 〈~을 하다, ~을 위하다〉라는 뜻이다. 爲자는 원숭이가 발톱을 쳐들고 할퀴려는 모습이라는 해석이다. 후에 〈이루다. 만들다. 다스리다. 위하다〉 등의 뜻으로 쓴다.

아니 不, 받들 尙, 어질 賢, 시킬 使, 백성 民, 다툴 爭, 귀할 貴, 어려울 難, 얻을 得, 재화 貨, 할 爲, 훔칠 盜, 보일 見, 하고자 할 欲, 마음 心, 어지러울 亂, 이 是, 까닭 以, 성인 聖, 사람 人, 다스릴 治, 빌 虛, 가득 찰 實, 배 腹, 약할 弱, 뜻 志, 굳셀 强, 뼈 骨, 항상 常, 알 知, 놈 者, 무릇 夫, 슬기 智, 어조사 也, 과감할 敢, 곧 則

《해설》

老子 정치철학인 무위(無爲)의 정치와 이상적인 백성을 논한다.
老子는 나라의 안정과 백성의 편안함을 위해 無爲의 정치를 강조한다. 백성을 불행하게 만드는 것은 지혜(賢), 재화(貨), 잔꾀(智)를 숭상하는 풍조를 조장하는 것이며 행복한 백성을 위한 무위의 정치를 하려면 현명함을 숭상하지 말고(不尙賢), 얻기 힘든 것을 귀하게 여기는 풍조를 만들지 말고(不貴貨), 탐낼 만한 물건을 백성 앞에 드러내지 말라(不見欲)고 경고한다. 더 나아가, 백성들의 마음을 비우고(虛其心), 배를 채우며(實其腹), 뜻을 약하게 하여(弱其志) 무위자연의 道를 추구하도록 이끌어야 한다.

인위적인 지식과 간섭을 최소화하고, 잔꾀를 부리는 자들이 함부로 행동하지 못하게 하면 천하가 저절로 잘 다스려진다고 강조한다. 이러한 주장은 종종 老子의 우민(愚民) 정치 논리로 해석되고 논란을 일으키기도 한다. 여기서 '어리석게 한다'는 것은 백성을 무지하게 만드는 것이 아니라, 과도한 욕망과 인위적인 지혜로부터 벗어나 본연의 순수한 상태를 유지하도록 이끄는 것이다. 즉, 소박하고 욕심 없는 백성들이 자연의 도에 따라 평화롭게 살아가는 이상적인 사회를 제시하는 것이다.

4장   道는 하늘보다 먼저 있었다.

道沖而用之 : 道는 깊고 깊어서 사용해도
或不盈 : 채워지지 않으니
淵兮似萬物之宗 : 심연처럼 깊어 만물의 근원같다.

挫其銳 解其紛 : 道의 예리한 것을 꺾고, 얽힘은 풀고,
和其光 同其塵 : 빛을 조화시켜 끝내 티끌과 동화되니
湛兮 似或存 : 깊고 아득하여 뭔가 존재하는 듯하다.
吾不知誰之子 : 나는 그것이 누구의 자식인지 모르지만
象帝之先 : 그 형상이 상제보다 먼저 존재한 것 같다.

▌道沖而用之 或不盈 : 道는 텅 빈 것처럼 깊어서 그것을 쓰고 또 써도 가득 채울 수 없다.

· 沖 : 虛, 가득 차지 않고 비어 있다. 깊고 깊다.

· 或 : 존재하다. 늘, 언제나.   · 不盈 : 아무리 채워도 채울 수 없다.

▌似萬物之宗 : 만물을 생성하는 근원같다.

· 宗 : 근원. 근본. 으뜸, 본가. 뿌리

▌挫其銳 : 道의 날카로움을 무디게 하다.

· 銳 : 敏, 才智의 날카로움. 분별심, 따지고 분석함.

24 · 약학박사가 풀어 쓴 『老子』이야기

▎解其紛(해기분) : 분란을 풀다.

▎和其光(화기광) : 道의 빛을 조화하다.   ・光(광) : 기세나 기운.

▎湛兮 似或存(담혜 사혹존) : 깊구나! 무언가가 있는 것 같다.
・湛(담) : 그윽함, 깊고 고요한 것

▎吾不知誰之子(오부지수지자) : '나는 누구의 자식인지 모른다.' 道가 최초의 어버이

▎象帝(상제) : 하느님. 최고의 신. 천지 만물을 만들어 냈다는 신

이치 道, 빌 沖, 늘 或, 찰 盈, 깊을 淵, 근원 宗, 꺾을 挫, 날카로울 銳, 어조사 兮, 같을 似, 일만 萬, 만물 物, 근원 宗, 풀 解, 어지러울 紛, 화할 和, 빛 光, 한가지 同, 티끌 塵, 깊고 고요할 湛, 나 吾, 누구 誰, 같을 象, 하느님 帝

《해설》

텅 비어 있는 道의 무한한 작용을 설명한다. 그 작용은 비어 있고 깊어서 보이지도 않고, 들리지도 않고, 잡을 수도 없는 無이며 虛요, 空이다. 用이란 作用이요 德이다. 道가 작용하여 만물을 낳고, 생장 소멸하는 것이니 텅 빈 道가 작용하여 우주가 순환하고 만물이 조화를 이룬다. 그러니 道는 깊은 심연처럼 그윽하여 만물의 근본이고, 그 가운데 뭔가의 존재가 있는 듯하다. 道를 파악하기란 어렵지만, 인간의 날카로운 분별심을 꺾고, 온갖 번뇌의 소용돌이에서 벗어나 도의 빛과 조화를 이뤄 세상의 풍진과 하나 되면, 깊고 그윽하여 알 수 없는 경지의 그 무엇, 道를 만날 것이다.

5장 말이 많으면 窮해지니
中道를 지키는 것만 못하다.

天地不仁 : 천지는 어질지 않아
以萬物 爲芻狗 : 만물을 짚으로 만든 개(芻狗)로 여긴다.

聖人不仁 : (천지처럼) 성인도 어질지 않아
以百姓 爲芻狗 : 백성들을 추구로 여긴다.

天地之間 : 천지 사이는
其猶橐籥乎 : 인위적으로 만든 풀무와 피리 같아서
虛而不屈 : 속이 텅 비어 줄어들지 않고
動而愈出 : 움직일수록 더욱더 힘(바람)이 나온다.

多言 數窮 : 말이 많으면 자주 궁하니
不如守中 : 가슴에 묻어두느니만 못하다.

▌天地不仁 : '천지는 불인하다. 또는 마비나 감각이 둔하다.'
· 不仁 : 정이 없다. 매정하다. 편애가 없다.

▌芻狗란
① 짚으로 만든 개(狗) 모양으로 예전에 중국에서 신에게 제사 지낼 때 만들어 쓰던 주술적인 것으로 제사가 끝나면 버린다.
② 쓸데없이 되어 버린 물건의 비유

┃天地之間(천지지간) : '천지간의 道. 천지 사이의 텅빔.'

┃槖籥(탁약) : 인위적으로 만든 풀무와 피리. 속이 텅 빈 것으로 무한한 작용을 하는 것을 의미한다.

┃虛而不屈(허이불굴) : '텅 비어서 한이 없다. 텅 비어 무한한 작용을 한다.'
· 屈(굴) : 盡(진), 極(극). 다함.

┃動而愈出(동이유출) : '강하게 움직이면 더욱더 힘이 나온다.' 그러나 너무 세게 움직이면 막힌다.

┃多言數窮(다언삭궁) : '말도 탁약처럼 많으면 많을수록 자주 막힌다.'

┃不如守中(불여수중) : '가슴에 상도를 지킴만 못하다. 가슴 가운데 묻어둠만 못하다.'
· 中(중) : 흉중, 중심. 道.

☞ 如(여) : 〈마치 ~와 같다〉는 비교의 뜻으로 쓰인다.

▶ 仁(인)자는 〈어질다. 자애롭다, 인자하다〉라는 뜻이다. 仁자는 人(사람)자와 二(둘)자가 결합한 모습으로 본래 두 사람이 친하게 지냄을 뜻한다. 그러나 孔子가 특히 仁을 도덕의 중심으로 삼은 후로는 자기에게는 엄하게 하지만 남에게는 어질게 하는 정신을 仁이라고 설명한다.

하늘 天, 땅 地, 아니 不, 어질 仁(인), 써 以(이), 일만 萬(만), 만물 物(물), 건초 芻(추), 개 狗(구), 성인 聖(성), 사람 人(인), 모든 百(백), 겨레 姓(성), 사이 間(간), 그 其(기), 오히려 猶(유), 풀무 槖(탁), 피리 籥(약), 빌 虛(허), 다할 屈(굴), 움직일 動(동), 더욱 愈(유), 날 出(출), 많을 多, 말씀 言(언), 자주 數(삭), 어려울 窮(궁), 같을 如(여), 지킬 守(수), 가운데 中(중)

《해설》

천지는 자연이고 자연은 道의 산물인데 원래 사람의 경우처럼 親疏를 구별하지 않고, 편애가 없으며 오직 만물을 있는 그대로 살펴 도와줄 뿐, 어짐(仁)이 없이 공평하게 대한다. 또한 道의 沖(텅 빔)을 풀무와 피리에 비유하고 그 무한한 작용인 자연은 치우침이 없어 이를 中이라 하니 지도자는 이 중을 지켜 나라를 다스리라는 말씀이다. 지도자는 함부로 해서는 안 되는 것이 하나 있는데 그것은 말(언어)이다. 이 말이란 너무 많아지면 반드시 곤란해지니 함부로 말하지 않는 中, 즉 常道, 침묵, 중심을 지키는 것만 못하다.

6장 道는 天地의 뿌리다.

谷神不死 : 골짜기의 신은 죽지 않으니
是謂玄牝 : 이를 신비한 여성(玄牝)이라 불린다.
玄牝之門 是謂天地根 : 현빈의 문은 천지의 뿌리라 하니
綿綿若存 : 면면히 이어져 존재하지만
用之不勤 : 아무리 써도 줄어들지 않는다.

▎谷 : 穀, 浴, 養의 뜻이다. 道가 만물을 낳고 기르고 만물이 모여드는데 이를 谷神 즉 만물을 기르는 신이라고 하여 谷을 道에 비유한 것이다. 谷은 골짜기인데 텅 빔 이다. 그래서 沖이고, 虛요, 虛空이니 常道다. 谷神이란 谷에 존재하는 온갖 초목, 금수, 충류가 모여서 삶을 누리고 생사를 경험하는 장이다. 곡신불사란 道의 사라짐 이 없는 것이요, 도의 힘과 작용으로, 우주 만물은 영원히 이어지고 생장소멸한다는 말이다.

☞ 老子 道德經에는 넓다는 의미와 온갖 만물이 공존하고 모여드는 포용의 의미로 골짜 기(谷)와 바다(海) 자주 비유한다.

▎不死 : 죽지 않으니 영원한 생명.

▎玄牝之門 : '현묘한 암컷은 천지의 뿌리이다.'
·玄牝 : 자식을 낳을 수 있는 어머니의 의미로 道에 비유한 것이다. 또는 검은 골짜 기라는 해석도 있다
·牝 : 암컷, 골짜기, 여성, 陰.

▎用之不勤 : '아무리 써도 지치지 않는다.'   ·勤 : 힘써 일하다.

道 德 經/上篇·29

☞ 老子 道德經에서는 수컷을 구릉, 암컷을 계곡으로 나타내는 경우가 많다.

■ 綿綿 : 보이지 않지만 언제나 은은하게 이어져 존재함을 의미.
· 綿 : 가늘고 길게 이어지다.

▶ 谷자는 〈골짜기〉를 뜻하며 谷자에 쓰인 八(여덟)자는 위에서 물이 흘러내리고 있는 모습일 뿐 숫자 여덟과는 아무 관계가 없다. 밑에 있는 口(입)자는 물이 흘러나가는 출구를 표현한 것이다. 따라서 谷자는 계곡 사이로 물이 흐르는 모습을 표현한 것으로 다른 글자와 결합할 때는 〈골짜기〉와 관련된 뜻이다.

골 谷, 불가사의할 神, 아니 不, 죽을 死, 이 是, 이를 謂, 검을 玄, 암컷 牝, 문 門, 뿌리 根, 이어질 綿, 같을 若, 있을 存, 쓸 用, 그것 之, 지칠 勤

《해설》

道를 여성에 비유하는 것은 道의 본질적인 특징인 謙下하고 정적인 속성, 수동적이고 수용적인 태도, 만물을 낳고 기르는 생산성과 창조성을 여성의 이미지, 즉 암컷(牝), 어머니(母), 암컷(雌) 등에 빗대어 표현한 것이라고 볼 수 있다. 특히 '谷神'이나 '玄牝'과 같은 표현은 道의 신비롭고 근원적인 힘, 끊임없이 만물을 생성하는 어머니로서의 이미지를 강렬하게 들어낸다.

老子가 만물의 본질을 남성보다 여성에 더 가깝다고 보는 관점은 매우 흥미롭다. 남성 역시 여성에게서 태어나고, 여성 또한 여성에게서 비롯된다는 점에서, 생명의 근원으로서 여성이 갖는 역할과 의미를 강조하는 것이라고 볼 수 있다. 이는 여성이 남성보다 더 생산적이고 창조적이며, 자연의 섭리와 더 가깝고, 존재 자체로 아름다움을 드러내는 본질적인 힘을 지녔다는 통찰이다.

우주 만물도 이러한 남성성과 여성성의 조화로 이루어져 있지만, 그 근원적인 힘과 무위의 도를 설명하는 데 있어 老子가 신비롭고 경이로운 여성, 곡신, 현빈에 비유한 것은 타당한 해석이라고 생각한다.

결론적으로, 老子에서 道를 여성에 비유하는 것은 단순히 성별의 특징을 나열하는 것이 아니라, 道의 핵심적인 속성인 겸하, 수동성, 수용성, 생산성, 창조성을 가장 잘 드러내는 강력하고 심오한 은유라고 이해할 수 있다. 이는 만물의 근원으로서 여성의 중요성을 강조하는 동시에, 자연의 순리에 따르는 무위의 道를 더욱 효과적으로 설명하는 방법이라고 생각한다.

7장   하늘은 영원하고 땅은 끝이 없다.

天長地久 : 하늘은 길고 땅은 영원하다.
天地所以能長且久者 : 천지가 장구한 까닭은
以其不自生 故 : 자신만 살려고 하지 않기 때문에
能長生 : 오래 살 수 있다.

是以 聖人 : 그러므로 성인도 이를 본받아
後其身而身先 : 자신의 몸을 뒤에 두지만 도리어 앞서고
外其身 而身存 : 자기 몸을 밖에 두지만 도리어 보존한다.
非以其無私邪 : 이것은 사사로움이 없기 때문이 아니겠는가.
故 能成其私 : 그래서 성인은 자신을 이룰 수 있다.

▌天長地久 : 천지는 영원하고 장구하다.

·長과 久는 같이 영원하다. 장구하다는 뜻이다.

▌不自生 : 자신만을 위해서 살려고 하지 않는 것

▌後其身 : 자기 자신을 뒤로 한다.(남을 앞세운다). 겸손하다.

▌身先 : 자신이 남의 추앙을 받아 남보다 오히려 앞에 서게 된다.

▌外其身 : 자신을 밖에 두다. 소외시키다. 道를 체득한 경지

■ **身存** : 外其身함으로써 자신을 영원히 보존하다.

■ **非以其無私耶** : (성인께서) 사심이 없기 때문이 아니겠는가?

■ **故能成其私** : (자신을 소외시켜) 자기 자신을 성취할 수 있다.

▶ **長**자는 〈길다, 어른〉이라는 뜻을 가진 글자이다. 長자는 백발이 〈긴 노인〉을 그린 것이다. 그래서 본래 길다였다. 長자는 후에 〈어른, 우두머리〉라는 뜻도 파생되었다.

> 하늘 天, 긴 長, 땅 地, 오래 久, 바 所, 능할 能, 또 且, 놈 者, 아니 不, 스스로 自, 날 生, 그러므로 故, 이 是, 까닭 以, 성인 聖, 뒤 後, 그 其, 몸 身, 먼저 先, 바깥 外, 있을 存, 아닐 非(부정의 조사), 자기 私, 의문조사 耶, 가할 能, 이룰 成

해설

왜 천지 대자연이 영원한 것인가? 不自生하기 때문이다. 그 부자생은 不欲이고 私欲이 아닌 公欲이며 無欲이요, 겸하(謙下)다. 貪慾은 私慾, 이기의 다른 표현이다. 不欲하니 不自生하고, 無我, 無己에 이른다. 老子의 三寶 중의 하나는 남 앞에 감히 나서지 않음(不敢爲天下先)인데 이는 바로 자기를 앞세우지 않음(不自生)이다. 부자생하니 영생하고, 後其身하니 오히려 앞서게 되고, 外其身하여 自下하니 永存하여 역설적으로 자신을 성취한다는 것이 老子철학의 근본적인 논리이다.

8장 최고의 善은 물과 같이 만물을 이롭게 하고 다투지 않는다.

上善 若水 : 최고의 善은 물과 같다.
水善利萬物而不爭 : 물은 만물을 진실로 이롭게 하면서 다투지 않고
處衆人之所惡 : 모두가 싫어하는 곳에 머물기 때문이다.
故幾於道 : 그래서 물의 특성이야말로 道에 가깝다.

居善地 : 성인과 물은 거처로는 낮은 땅을 좋아하고,
心善淵 : 마음가짐은 연못처럼 깊고,
與善仁 : 베풀기는 어질게 하고
言善信 : 말은 믿음이 있고
政善治 : 정치는 잘 다스려지고
事善能 : 하는 일은 능숙하고
動善時 : 움직임은 때에 맞게 한다.
夫唯不爭 故 無尤 : 오직 (물은) 남과 다투지 않으니, 허물조차 없다.

▎上善若水 : 최고의 선은 물과 같다.
· 水 : 道德經에서 柔弱, 謙下, 利而不爭의 대명사로 쓰인다.

▎水善利萬物 而不爭 : 물은 만물에 커다란 혜택을 주지만 다투지 않는다.

▎處衆人之所惡 : 모든 이가 싫어하는 곳(아래, 더러운 곳)에 자리한다.
· 所惡 : 더럽고 싫어하는 곳.

▎故 幾於道 : 그래서 물은 무위자연의 道와 가장 가깝다.
　　<small>고 기 어 도</small>

▎居善地 : 거처로는 낮은 땅을 좋아한다.
　　<small>거 선 지</small>

▎心善淵 : 마음은 연못처럼 깊고
　　<small>심 선 연</small>

▎與善仁 : 사람을 사귐이나 베풂에는 어짊을 선으로 삼고
　　<small>여 선 인</small>
· 與 : 사귐, 교우, 같이, 함께, 더불어 행동, 베풂.

▎言善信 : 말은 믿음을 선으로 삼고
　　<small>언 선 신</small>

▎政善治 : 정치는 올바른 다스림을 선으로 하고
　　<small>정 선 치</small>

▎事善能 : 일 처리는 능력을 선으로 삼고
　　<small>사 선 능</small>

▎動善時 : 움직임은 적절한 때를 선으로 한다. 사람을 동원할 때는 농번기, 혹서기, 혹한기 등 활동하기에 부적절한 때를 피한다는 뜻이다.
　　<small>동 선 시</small>
· 時 : 때에 맞게 행하다. 適時.

▎夫唯不爭, 故無尤 : 따라서 물은 다투지 않기 때문에 허물도 없다.
　　<small>부 유 부 쟁　　고 무 우</small>
· 無尤 : 허물이나 과실이 없다.

▶ 永자의 갑골문을 보면 시냇물 주위로 빗방울이 떨어지는 모습으로 이는 〈물〉을 표현한 것이다. 그래서 水자가 부수로 쓰일 때는 대부분이 〈액체, 헤엄치다, 범람하다〉와 같이 물과 관련된 의미를 전달하게 된다. 참고로 水자가 부수로 쓰일 때는 氵자나 氺자로 바뀌게 된다.

▶ 善자는 臧(착할 장), 良(어질 량)과 같은 뜻으로 쓰이며 반의어는 惡(악할 악, 미워할 오)이다. 善자는 〈착하다, 사이좋다〉라는 뜻이다. 羊처럼 순하고 온순하며 부드럽게 말(口)하는 사람을 나타내어 〈착하다〉를 뜻한다.

윗 上, 착할 善, 같을 若, 물 水, 이로울 利, 온갖 萬, 만물 物, 아니 不, 다툴 爭, 머물 處, 무리 衆, 바 所, 싫어할 惡, 때문에 故, 가까울 幾, 어조사 於, 이치 道, 살 居, 땅 地, 마음 心, 좋을 善, 못 淵, 함께할 與, 어질 仁, 말씀 言, 믿을 信, 정사 政, 다스릴 治, 일 事, 능할 能, 움직일 動, 때 時, 무릇 夫, 오직 唯, 다툴 爭, 없을 無, 허물 尤

해설

물의 특성을 빌어 최고의 선을 설명하고 겸손과 포용, 그리고 利他의 德을 정의한다. 물을 찬미한 것으로 최상의 善이란 물과 같다고 했다. 물은 만물에 항상 柔弱, 謙下, 利而不爭, 下處(惡處)하는 특성이 바로 道와 같음을 비유한다. 훌륭한 지도자는 물과 같아서 거처는 낮고 더러운 곳을 좋아하고, 마음은 깊은 연못처럼 고요하고, 사귐이나 베풂에는 어짊을 좋아하고, 언어는 진실하고, 올바른 정치는 잘 다스려지고, 일은 유능하게 처리하고, 거동은 적절한 때에 움직인다. 그러면서 물은 만물에 순응하며 더없이 이롭고 다투지 않으므로 과실조차 없다. 따라서 물은 무위자연의 道에 가장 가까운 기능을 한다.

- 老子는 물의 특성(柔弱, 謙下, 利而不爭, 下處(惡處))이 마치 상도와 같거니와 이는 인간이 살아감에 처세의 방법이 될 수 있음을 강조한다. 또한 일체의 有爲를 부정하는 무위자연을 근본으로 하는 것은 물의 至善, 즉 道와 다를 바 없다. 물은 본질적으로 居善地, 心善淵, 與善仁, 言善信, 政善治, 事善能, 動善時하여 싸우지 않으니, 허물조차 없다. 물을 단순한 도와의 비유에 그치지 않고 물의 실용성, 작용, 가치 등등의 비중도 엄청난 혜택인데 거기에 물이 직간접적으로 인류에게 미치는 영향과 삶의 자세, 언행, 정치, 사회적 일 처리, 활동 시기까지 설파, 찬미한 것이다.

- 老子는 인간이 싸움이 없는 사회를 실현하려면 싸움의 근원인 유위적인 것 즉 인의예지를 삼가고 억제하여 흐르는 물 같은(若水) 자연스러운 존재가 되라고 주장한다.

- 老子는 道를 谷神, 玄牝(雌, 암컷, 여성), 嬰兒(赤子), 樸, 물, 橐籥(탁약) 등으로 비유한다.

9장 功을 이뤘으면 물러나는 것이 하늘의 道다.

持而盈之 ^{지이영지} : 갖고 있으면서 더 채우려는 것은

不如其已 ^{불여기이} : 차라리 그만두는 것보다 못하다.

揣而銳之 不可長保 ^{췌이예지 불가장보} : 두드려 날카롭게 하면 오래 보전할 수 없고

金玉滿堂 莫之能守 ^{금옥만당 막지능수} : 금옥이 집에 가득해도 이를 지킬 수 없다.

富貴而驕 自遺其咎 ^{부귀이교 자유기구} : 부귀한데 교만하면 스스로 허물을 남기니

功成名遂身退 ^{공성명수신퇴} : 공을 이뤘으면 스스로 물러나라.

天之道 ^{천지도} : 이것이 하늘의 이치다.

■ 持而盈之 不如其已 ^{지이영지 불여기이} : 가졌는데(持) 그리고(而) 그것을(之) 더 가득 채움은(盈) 그것을(其) 그만두느니만(已) 못하다(不如).

■ 揣而銳之 不可長保 ^{췌이예지 불가장보} : 두드려서(揣) 그리고(而) 그것을(之) 더 날카롭게 하면(銳) 오래(長) 보존할 수(保) 없다(不可).

☞ 지식을 두드려서 날카롭게 하고, 배우고 날카롭게 하여 지식을 쌓으라는 해석도 있는데 이는 孔子가 주장하는 學이요, 學文이다. 그러나 老子는 絶學, 無學을 강조한다. 학식이 많을수록 아는 체하고, 자기주장이 강하고, 독단적이며, 상대 이론을 무시한다. 지식이든 칼이든 더 날카로울수록 오래 가지 않으니 絶學하면 無憂하게 된다.

■ 金玉滿堂 莫之能守 ^{금옥만당 막지능수} : 金과 玉이 집안에(堂) 가득하면(滿) (도둑이 들끓어) 그것을(之) 能히 지킬(守) 수 없다(莫).

☞ 莫^막은 〈더 없을〉, 〈더 이상 없을〉, 〈~하지 마라〉의 의미로, 금지사이다.

■ 富貴而驕 自遺其咎 : 富貴하고 그리고(而) 驕慢하기까지 하면, 스스로(自) 그(其) 허물을(咎) 남긴다(遺).

■ 功成名遂身退 天之道 : 功을 이루어(成), 名譽를 이뤘으면, 몸은(身) 물러나야 한다(退). 그것이(之) 하늘의(天) 道다.

▸ 不자는 땅속으로 뿌리를 내린 씨앗을 그린 것이다. 아직 싹을 틔우지 못한 상태라는 의미에서 '아니다', '못하다', '없다'라는 뜻이 되었다. 참고로 不자는 '부'나 '불' 두 가지 발음이 서로 혼용되기도 한다.

| 가질 持, 그리고 而, 찰 盈, 그것 之, 아니 不, 같을 如, 그 其, 그칠 已, 갈 揣, 날카로울 銳, 긴 長, 지킬 保, 쇠 金, 구슬 玉, 가득할 滿, 집 堂, 없을 莫, 능할 能, 지킬 守, 부유할 富, 귀할 貴, 교만할 驕, 스스로 自, 남길 遺, 허물 咎, 공로 功, 이룰 遂, 몸 身, 물러갈 退, 하늘 天 |

◆ 해설 ◆

인간의 멈출 수 없고 끝없는 탐욕과 소유욕을 깨우치는 장이다. 너무 많이 소유하지 말라. 지식이든 재물이든 그것이 常道다. 가득한데 더 채우려고 하면 그 넘침이 탈을 부르니 그만두는 게 낫고, 칼과 같은 날카로운 것은 더 날카롭게 갈면 갈수록 상해를 당하기 쉽고, 얻기 힘든 금은보화도 집안에 가득하면, 이를 안전하게 지킬 수 없고, 도둑이 들끓게 된다. 부귀한 데다 교만하면, 반드시 허물을 남기기 때문이다. 또한 공을 이뤘다면 마땅히 물러나는 것이 天道다. 천도란 자연의 道요, 이치요, 법도인데 이는 모든 진리의 근원이며, 불변의 법칙요, 자연이다. 없어서 채우는 것이 아니라 이미 가지고 있는데 더 채우는 것(盈)은 탐욕이다. 부자나 貴官이 교만하기까지 하다면 장차 큰 허물이 남는다. 공을 이뤘으면 그 공을 멀리하고 떠나라. 그렇지 않으면 허물이 남는다. 그것이 자연의 道요, 하늘의 道다.

10장 道를 떠나서 살 수 있는가?

載營魄抱一 : 백성의 영혼을 하나(道)로 하여 가슴에 안고,
能無離乎 : 떠나지 않을 수 있을까?

專氣致柔 : 오로지 기를 부드럽게 하여
能嬰兒乎 : 갓난애처럼 순수하게 할 수 있을까?
滌除玄覽 : 마음의 현묘한 거울을 깨끗하게 씻고 닦아
能無疵乎 : 아무런 흠조차 없이 할 수 있을까?

愛民治國 : 백성을 아끼고 나라를 다스림에
能無爲乎 : 무위로 할 수 있을까?

天門開闔 : 천문을 여닫음에
能爲雌乎 : 암컷처럼 겸허히 수용할 수 있을까?

明白四達 : 밝고 확실히 사방에 통달함에
能無知乎 : 자연스런 지혜로 할 수 있을까?

生之畜之 : 道는 만물을 낳고 기르지만
生而不有 : 낳았으되 소유하지 않고
爲而不恃 : 행하되 기대지 않고
長而不宰 : 키워주되 주재하지 않으니
是謂玄德 : 이를 〈玄德〉이라 이른다.

▌載營魄抱一 能無離乎 : 백성들의 혼백(靈肉)을 실어(載) 道(一)를 품에 안아(抱) 떠나지(離) 않게(無) 할 수(能) 있을까(乎)?

· 載營魄 : 육체와 정신을 싣다.

· 載 : 싣다. 타다(乘), 거처하다(處).

· 營魄 : 백성의 몸을 다스리며, 몸을 관리하면서.

· 營 : 정신, 집단.

· 魄 : 백성의 몸(身, 肉體)

· 抱一 : 유일한 하나(道)를 가슴에 품다(懷).

· 一 : 道 즉 생생하게 살아있는 영혼을 하나(道)로 감싸안는다.

☞ 抱一 : 제22장에서도 〈聖人抱一爲天下式(성인은 하나를 품어 세상의 본보기가 된다)이라고 하였다.

▌能無離乎 : (道에서) 떠나지 않을 수 있을까?

▌專氣致柔 能嬰兒乎 : 백성의 氣(道, 힘)에 전념하여(기를 모아) 부드럽게 하면 어린이처럼 될 수 있을까?

· 專 : 集의 뜻, 전념하다.

· 專氣致柔 : 氣(道)에 전념하여 부드럽게 하면

· 專氣 : 백성의 氣(道)를 모으는 것. 백성을 단결시키다.

· 致柔 : 어린아이와 같이 부드러움에 이르는 것.

▌嬰兒 : 어린아이는 유연, 순박의 상징이고 무위(무지, 무욕, 무능)의 상태를 나타낸다.

☞ 老子는 어머니(여자)는 玄牝으로 탄생과 유약, 겸하, 강인의 상징이며, 嬰兒는 柔順, 無知, 無欲, 無爲, 淳樸의 상징으로 표현한다.

▌滌除玄覽 能無疵乎 : 玄妙한 거울(覽)을 세상살이로 더러워진 마음의 때를 씻고 (滌) 욕심을 닦아(除) 티없이 할 수 있을까? 그 거울에 비춰보면 더러워진 인간의

때를 알 수 있을 것이다.
- 滌除(척제) : 더러워진 마음과 끝없는 욕심을 씻음이요, 修身의 방법이고 순수한 嬰兒로 되돌아가는 수단이다.

▌愛民治國 能無爲乎(애민치국 능무위호) : 백성을 사랑하고 나라를 다스림에 무위로 할 수 있을까? 治者는 營魄抱一, 專氣致柔, 滌除玄覽으로 修身의 방편을 삼아 애민치국하면 無爲의 정치가 될 것이다.

▌天門開闔 能爲雌乎(천문개합 능위자호) : 하늘 문을 여닫음에 여인처럼 정숙할 수 있을까? 道에 집중하여(抱一) 인간의 영지를 발달시킨다면 무위의 문을 여닫음에 유연하고 포용하는 여인이 되지 않을까?
- 天門開闔(천문개합) : 道門이 여닫힘이요, 五感이 작용함이니 이는 天命일 수 있고 신비한 생명의 작용이니 玄牝이요, 谷神이라고 할 수 있다. 인간이 사물과 접하는 감각기관의 느낌을 말한다.
- 天門(천문)은 道門이요 衆妙之門이며 調和의 門이요, 玄門이다.

▌明白四達能無爲乎(명백사달능무위호) : 모든 사리에 명백하게 통달하여 억지를 부리지 않게 할 수 있을까?
- 四達(사달) : 모든 방향, 모든 사리

▌生之畜之(생지휵지) : 낳고 기르다.

▌生而不有(생이불유) : 낳았으되 소유하지 않는다.

▌爲而不恃(위이부시) : 인위에 의지하려고 하지 않다.

▌長而不宰(장이부재) : 성장시켰지만 지배하려 하지 않다.

▌是謂玄德(시위현덕)은 이를 일컬어 그윽한 德이라 한다.

▶ 德자는 〈은덕, 선행〉이라는 뜻으로 彳(조금 걸을 척)자와 直(곧다)자, 心(마음)자가 결합한 모습이다. 直자는 〈곧게 바라보는 눈빛〉이고 心자는 〈곧은 마음가짐〉이라는 뜻이다. 여기에 길을 뜻하는 彳자가 있으니 德자는 〈곧은 마음으로 길을 걷는 사람〉이라는 뜻이다.

실을 載^재, 혼 營^영, 넋 魄^백, 안을 抱^포, 한 一^일, 능할 能^능, 없을 無^무, 떠날 離^리, 어조사 乎^호, 오로지 專^전, 기운 氣^기, 이를 致^치, 부드러울 柔^유, 같을 如^여, 갓난아이 嬰^영, 아이 兒^아, 씻을 滌^척, 닦을 除^제, 미묘할 玄^현, 볼 覽^람, 흠 疵^자, 사랑 愛^애, 백성 民^민, 다스릴 治^치, 나라 國^국, 알 知^지, 하늘 天^천, 열 開^개, 문 닫을 闔^합, 암컷 雌^자, 밝을 明^명, 순백할 白^백, 넉 四^사, 통달할 達^달, 할 爲^위, 날 生^생, 그것 之^지, 기를 畜^훅, 그러나 而^이, 가질 有^유, 바랄 恃^시, 긴 長^장, 주재할 宰^재, 이 是^시, 이를 謂^위, 큰 德^덕

《해설》

백성을 抱一하게 하라. 그리고 專氣致柔, 滌除玄覽, 天門開闔, 明白四達한다면 玄德의 경지에 이른다는 말이다. 道를 가슴 깊이 안고 영원히 떠나지 않을 수 있을까? 생명의 힘인 道의 온 백성의 정기에 전념하면 생명의 상징인 유연함에 이르러 갓 태어난 어린아이같이 되지 않을까? 그 道로써 마음속에 켜켜이 쌓인 모든 때를 깨끗이 씻어 내어 티 없는 맑은 道의 거울을 만들 수 있을까? 백성을 사랑하고 다스림에 진실로 무위를 행할 수 있을까? 천문을 여닫음에 진실하고 포용하며 유연한 여인이 될 수 있을까? 도는 만물을 낳고 기르지만 소유하려 하지 않고, 행하고도 자랑하지 않으며, 성장시켰으되 지배하지 않으니 이를 玄德이라고 한다. 道의 경지에 이르기 위한 수행법을 언급하고 무위의 삶을 살라한다.

11장 비어(無) 있으므로 쓸모(有)가 생긴다.

_{삼십복공일곡}
三十輻共一轂 : 30개 바퀴살이 하나의 바퀴통에 모이니

_{당기무 유차지용}
當其無 有車之用 : 가운데가 비어 있기 때문에 수레의 쓸모가 있다.

_{연식이위기}
埏埴以爲器 : 찰흙을 빚어 그릇을 만드는데

_{당기무 유기지용}
當其無 有器之用 : 그 가운데가 비어 있기 때문에 그릇의 쓸모가 생긴다.

_{착호유이위실}
鑿戶牖以爲室 : 문과 창을 뚫어 방을 만드는데

_{당기무 유실지용}
當其無 有室之用 : 그 가운데가 비어 있기 때문에 방의 쓸모가 생긴다.

_{고 유지이위이}
故 有之以爲利 : 그러므로 있음(有)이 이로운 것은

_{무지이위용}
無之以爲用 : 없음(無)으로써 쓸모가 생긴다.

주

_{폭공일곡 당기무 유차지용}
▎輻共一轂 當其無 有車之用 : 바퀴살이 바퀴통에 모여, (바퀴통이) 빈 곳이 있어야 수레의 효용이 있다.

· _폭輻 : 바퀴살. 바퀴통으로 모여 있듯이

· _무無 : _허虛, _공空, 빈 곳. 사물의 有가 작용하려면 無의 작용이 얼마나 중요한가를 강조한다.

_{연식이위기 당기무 유기지용}
▎埏埴以爲器 當其無 有器之用 : 찰흙을 빚어서 그릇을 만드니 그 가운데가 비어 있어야 그릇으로서의 효용이 생긴다.

· _{연식}埏埴 : 물로 찰흙을 반죽하다.

■ <ruby>鑿<rt>착</rt></ruby><ruby>戶<rt>호</rt></ruby><ruby>牖<rt>유</rt></ruby><ruby>以<rt>이</rt></ruby><ruby>爲<rt>위</rt></ruby><ruby>室<rt>실</rt></ruby> <ruby>當<rt>당</rt></ruby><ruby>其<rt>기</rt></ruby><ruby>無<rt>무</rt></ruby> <ruby>有<rt>유</rt></ruby><ruby>室<rt>실</rt></ruby><ruby>之<rt>지</rt></ruby><ruby>用<rt>용</rt></ruby> : 문과 창을 뚫어서 집을 만듦에 빈 곳이 있어야 집으로서의 쓸모가 생긴다.

· <ruby>鑿<rt>착</rt></ruby><ruby>戶<rt>호</rt></ruby><ruby>牖<rt>유</rt></ruby> : 문(戶)이나 창(牖)을 뚫는다(鑿).

■ <ruby>故<rt>고</rt></ruby><ruby>有<rt>유</rt></ruby><ruby>之<rt>지</rt></ruby><ruby>以<rt>이</rt></ruby><ruby>爲<rt>위</rt></ruby><ruby>利<rt>리</rt></ruby> <ruby>無<rt>무</rt></ruby><ruby>之<rt>지</rt></ruby><ruby>以<rt>이</rt></ruby><ruby>爲<rt>위</rt></ruby><ruby>用<rt>용</rt></ruby> : 그러므로(故) 그것이(之) 있음(有)으로써(以) 편리한 것은, 그것이 없음(無)으로써(以) 쓸모가(用) 있는 것이다(爲).

· 有之以爲利 : 그것이 있음으로써 편리하다.
· 無之以爲用 : 그것이 없음으로써 쓸모(작용, 기능)가 생긴다.

바퀴 살 輻, 한 一, 함께 할 共, 수레바퀴 통 轂, 마땅 當, 그 其, 없을 無, 있을 有, 수레 車, 그것 之, 쓸 用, 흙 반죽할 埏, 진흙 埴, 써 以, 될 爲, 그릇 器, 뚫을 鑿, 문 戶, 창문 牖, 방 室, 그러므로 故, 이로울 利, 쓸 用

《해설》

기발한 비유를 들어 無(虛)의 효용을 강조한다. 사물의 無와 有의 작용을 논하고 無를 찬미한 것으로 輪之輻轂 室之戶牖 器之埏埴을 들어 모든 도구가 제대로 작동하려면 반드시 보이지 않는 無의 작용, 즉 빈 것, 빈 곳, 보이지 않는 작용이 보이는 부분이 有의 작용에 절대로 필요하다. 有의 존재만으로는 사물과 도구가 작용하지 못하고, 작용할 수 없으며, 완전에 이르지 못하므로 거기엔 無의 작용이 절대로 필요하다는 논리다.

12장 五感을 자극하는 것은 사람을 어지럽히니 절제하라.

_{오색 영인목맹}
五色 令人目盲 : 찬란한 오색은 사람의 눈을 멀게 하고
_{오음 영인이롱}
五音 令人耳聾 : 듣기 좋은 오음은 사람의 귀를 먹게 하고
_{오미 영인구상}
五味 令人口爽 : 다채로운 오미는 사람의 입을 상하게 한다.

_{치빙전렵}
馳騁畋獵 : 말을 달려 사냥하는 것은
_{영인심발광}
令人心發狂 : 마음을 미치게 하고
_{난득지화}
難得之貨 : 얻기 힘든 재화는
_{영인행방}
令人行妨 : 사람의 행동을 방해한다.

_{시이성인}
是以聖人 : 따라서 성인은
_{위복 불위목}
爲腹 不爲目 : 실속있게 배를 채우지, 눈을 위하지 않는다.
_{고거피취차}
故去彼取此 : 그래서 성인은 욕망을 다 버리고 본질(道)을 취한다.

_{오색영인목맹}
▌五色令人目盲 : 오색은 아름답지만 그 화려한 색채에 마음이 팔리면 끝내 인간의 눈을 혼란스럽게 하여 올바른 색감을 마비시킨다.
_{오색}
·五色 : 靑, 赤, 黃, 白, 黑. 온갖 화려한 색을 의미한다.

_{오음영인이롱}
▌五音令人耳聾 : 五音(五聲 : 宮, 商, 角, 徵, 羽)은 비록 듣기에 매우 유쾌하지만, 그 미묘한 소리에 마음을 빼앗기면 끝내 인간의 귀를 혼란케 하여 올바른 청각을 마비시켜 귀를 먹게 된다.

_{오미영인구상}
▌五味令人口爽 : 五味는 비록 먹기에 즐거운 맛이지만 그 달콤한 맛에 지나치게 마

음을 빼앗기면 끝내 인간의 입을 혼란하게 하여 미각을 마비시켜 입맛을 잃게 한다.
- 五味(오미) : 酸, 苦, 甘, 辛, 鹹의 五味, 고량진미와 같은 음식 맛.
- 爽(상) : 傷(상), 害(해). 미각을 해쳐서 맛을 잃다. 맛을 마비시킨다.

■ 馳騁畋獵(치빙전렵) 令人心發狂(영인심발광) : 말을 달려 사냥하는 것은 외물에 빠져 虛靜을 멀리하게 되어 결국 마음을 미치게 한다.
- 馳騁(치빙) : 말을 타고 마음내키는 대로 달린다.
- 畋獵(전렵) : 새나 짐승을 사냥하다.

☞ 인간의 五感은 是非, 好惡, 分別을 불러오는 판단의 기준이 되어 본질을 잃고, 미혹과 幻, 마비를 초래할 수 있어서 心亂과 번뇌의 원인으로 본다. 佛家의 六識(眼耳鼻舌身意)을 의미하며 五色은 眼識, 五音은 耳識, 五味는 舌識이며 馳騁畋獵은 身識을 의미하며, 의식은 결국 마음이 판단 착오를 일으켜 마비되고 虛靜과 得道에 멀어지게 된다는 주장이다.

■ 難得之貨(난득지화) 令人行妨(영인행방) : 얻기 힘든 재화는 그 쓰임에 따라 윤택할 수 있지만 재화에 마음을 빼앗기면 올바른 사람으로 하여금 방탕하게 되고, 열심히 일하지 않고 나태해지며 모든 행동을 방해한다. 특히 인간의 재화에 대한 탐욕은 五感(五官)보다도 더욱더 인간을 사건, 사고에 빠지게 하는 가장 큰 원인으로 본다.

■ 是以聖人(시이성인) 爲腹不爲目(위복불위목) : 그러므로 성인은 배를 충실히 하여 무위에 다가가고 감각적이고 외물에 현혹되는 욕망을 채우려 하지 않는다.
- 爲腹(위복) : 배를 채우다. 저력을 기르다.
- 不爲目(불위목) : 화려한 것으로 눈만 즐겁게 하지 않다.

■ 故去彼取此(고거피취차) : 그러므로 훌륭한 지도자는 저것을 버리고 이것을 취한다.

▶ 令(영)자는 〈~하게 하다, 이를테면, 법령〉이라는 뜻을 가진 글자이다. 令자는 亼(삼합 집)자와 卩(병부 절)자가 결합한 모습이다. 令자는 큰 건물(관청) 아래에서 높은 사람이 명령을 내리는 모습으로 그려져 〈명령하다. 법령〉이라는 뜻이 되었다.

빛 色, 하여금 令, 눈 目, 눈멀 盲, 소리 音, 귀 耳, 귀먹을 聾, 맛 味, 입 口, (맛) 잃을 爽, 말 달릴 馳, 말 달릴 騁. 새 사냥할 畋, 사냥할 獵, 쏠 發, 미칠 狂, 어려울 難, 얻을 得, 재물 貨, 방해할 妨, 이 是, 써 以, 성인 聖, 위할 爲, 배 腹, 그러므로 故, 버릴 去. 저 彼. 취할 取, 이 此

해설

오색, 오음, 오미는 인간의 감각적인 느낌을 주관한다. 화려하고 현란한 오색을 즐기는 시각, 요란한 오음을 즐기는 청각, 진수성찬의 잡다한 오미를 즐기는 미각은 감각적, 말초적 감각을 자극하여 정신을 마비시켜 혼미하게 하고, 말 타고 사냥하는 번잡한 행동은 사람의 마음을 발광하게 하며, 구하기 힘든 재화는 사람의 행동을 방해하고 방탕하며, 나태하고 간사한 감각을 만든다. 耳目口를 통한 욕망의 구멍을 열고 욕망을 충족시키려면 죽을 때까지 구원받을 길이 없다고 했다. (開其兌 濟其事, 終身不救, 52장). 그러니 욕망을 단속하고, 그 욕망의 문을 닫으면, 죽을 때까지 근심이 없을 것(塞其兌, 閉其門, 終身不勤)이라고 했다. 인간이 오관에 유혹되면 본성이 마비되니 감각적, 관능적인 유혹에 탐닉하지 말고 본성으로 돌아가 爲腹不爲目의 삶을 살라는 주장이다. 감각적 욕망의 위험성을 경계하고 본능적인 욕구를 충족시키는 삶을 강조한다. 쾌락이나 감성적 도취는 고통의 씨앗을 품고 있으며, 시간이 지나면서 고통은 모습을 드러낸다.

13장 영광과 치욕에 태연하라.

寵辱若驚 : 사람은 총애와 모욕은 놀라듯 하고
貴大患若身 : 큰 걱정을 내 몸처럼 귀히 여긴다.

何謂寵辱 若驚 : 무엇을 일러 총욕에 놀라듯 하는 것인가?
寵爲上 : 총애는 올라가는 것이고
辱爲下 : 굴욕은 아래로 내려가는 것인데
得之若驚, 失之若驚 : 그것을 얻어도 놀랍고, 잃어도 놀란다.
是謂寵辱 若驚 : 이를 총욕에 놀란다고 하는 것이다.

何謂貴大患 若身 : 무엇을 큰 걱정이 몸처럼 귀히 여기는가?
吾所以有大患者 : 우리가 큰 걱정을 하는 까닭은
爲吾有身 : 몸이 있기 때문이다.
及吾無身 吾有何患 : 만약 몸이 없다면, 무슨 걱정이 있겠는가.

故 貴以身 爲天下者 : 그러므로 천하를 자기 몸처럼 귀히 여긴다면
及可以寄天下 : 천하를 맡길 수 있고
愛以身 爲天下者 : 자기 몸처럼 천하를 아낀다면
及可以託天下 : 그에게 천하를 맡길 수 있다.

▌寵辱若驚 貴大患若身 : 군왕이 내린 총애와 치욕은 너무 놀랍고 두려워 자기 몸처럼 귀하게 여겨라.

- 寵辱(총욕) : 총애와 오욕, 명예와 수치, 칭송과 모욕.

▍何謂寵辱 若驚(하위총욕 약경) : 어찌 총욕에 놀라듯 하는가?

▍寵爲上 辱爲下(총위상 욕위하) : 총애는 신분이나 부귀가 위로 올라감이니 좋아하고, 치욕은 아래로 내려감이니 죽을 맛이 되기 때문이다.

▍得之若驚 失之若驚 是謂 寵辱若驚(득지약경 실지약경 시위 총욕약경) : 총욕을 얻거나 잃어도 두렵다고 이른다.

▍何謂貴大患 若身(하위귀대환 약신) : 무엇을 일러 자기 몸같이 대환을 귀하게 여긴다고 하는가? 자기 몸을 道의 경지인 無라고 여긴다면 집착을 버린 것이다. 사람이 어떻게 큰 질병이나 총욕같은 골칫거리를 자기 몸처럼 소중히 여길 수 있겠는가? 그것은 道를 진정으로 체득한 경지에서 가능할 것이다.

▍吾身所以有大患者 爲吾有身(오신소이유대환자 위오유신) : 나에게 대환이 있다고 하는 이유는 내가 내 몸을 有라고 여겨 지나치게 집착하기 때문이다. 육체는 모든 탐욕의 근원이고 걱정거리의 원천일 수 있다.
- 所以(소이) : ~라고 하는 까닭은
- 爲吾有身(위오유신) : 제 몸을 有로 여기다. 내 몸이 있기 때문이다.

▍及吾無身 吾有何患(급오무신 오유하환) : 내 몸을 無라고 하면 무슨 걱정이 있겠는가?
- 吾無身(오무신) : 제 몸을 無로 여기는 것은 무위의 경지요, 성인의 지위다. 보통 사람이 어떻게 몸이 없다고 여기겠는가. 자기 자신의 사리사욕, 부귀영화 등 인위적인 것에 지나치게 집착한다면 총욕에 일희일비하게 된다. 道에 몸을 맡긴 체득의 경지가 아니면 어디 그렇게 쉽겠는가. 총욕이 닥쳐도 집착을 버리고 무위의 마음가짐을 가진다면 걱정거리가 될 수 없다.

▍故貴以身爲天下 及可以寄天下(고귀이신위천하 급가이기천하) : 그러므로 내 몸을 천하처럼 소중하게 여긴다면 천하를 맡길 만한 것이다.
- 貴以身爲天下(귀이신위천하) : 천하를 위하듯 제 몸을 귀하게 여기다.

■愛以身爲天下 及可以託天下 : 내 몸을 천하와 같이 사랑한다면 끝내 천하를 맡길 만하다.

> 은혜 寵, 욕될 辱, 같을 若, 놀랄 驚, 귀할 貴, 큰 大, 근심 患, 몸 身, 무엇 何, 이를 謂, 윗 上, 아래 下, 얻을 得, 잃을 失, 나 吾, 바 所, 때문에 以, 할 爲, 미칠 及, 옳을 可, 맡길 寄, 사랑 愛, 맡길 託

《해설》

총욕이란 부질없는 것이니, 기뻐하거나 걱정하지 말고, 집착하지 말고 두렵게 받아들여라. 총욕은 큰 걱정이 닥치듯 내 몸처럼 소중하게 여기라. 그런 사람에게는 천하를 맡겨 부탁할 만하다는 주장이다. 자신의 몸을 욕심으로 가득 찬 이기적이고 인위적인 有가 아닌 無로 본다면 진정으로 자기 몸을 아끼고 사랑하여 끝내 천하까지도 다스릴 수 있다는 것이다.

14장 옛날의 道를 가지고, 오늘의 존재를 다스릴 수 없다.

視之不見名曰夷 : 道를 보아도 보이지 않으니 이름하여 夷라 하고

聽之不聞名曰希 : 들어도 들리지 않으니 이름하여 希라 하고

搏之不得名曰微 : 잡아도 잡히지 않으니 이름하여 微라 하고

此三者 不可致詰 : 이 셋으로 깊이 따질 수 없으니

故 混而爲一 : 이 셋을 섞어 하나(道)가 된다.

其上不皦 : 道는 그 위도 밝지 않고,

其下不昧 : 그 아래도 어둡지 않으며

繩繩不可名 : 끝없이 이어지되 뭐라 이름 붙일 수 없으니

復歸於無物 : 마침내 無의 세계로 돌아간다.

是謂無狀之狀 : 이것이 곧 모양없는 모양이라 하고,

無物之象 : 물체없는 모습이라 하니

是謂恍惚 : 이를 황홀이라고 이른다.

迎之 不見其首 : 道는 앞에서 마주해도 그 시작을 볼 수 없고

隨之 不見其後 : 뒤에서 따라가도 끝을 볼 수 없다.

執古之道 : 옛날부터 道를 가지고

以御今之有 : 오늘의 존재를 다스릴 수 있다면

能知古始 : 옛날의 시작을 알 수 있으니,

是謂道紀 : 이를 道의 기원(道紀)이라고 이른다.

■ 視之, 聽之, 搏之의 之는 바로 道를 가리킨다.

■ 夷 : 무색인 道가 나타나지 않아 아직 그 현상을 눈으로 볼 수 없음. 아직 色이나 象이 없는 상태.(夷-無色)

■ 希 : 無聲인 道의 소리가 너무 작아서 들을 수 없음. 道의 소리를 들으려고 하나 들리지 않음.(希-無聲)

■ 微 : 道의 형태가 작아 잡으려 해도 잡히지 않는 것. (微-無形)

■ 此三者, 不可致詰, 故混而爲一 : 이(此) 셋으로는(三者) 밝힐(致詰) 수 없으니(不可) 따라서(故) 이를 섞어(混而), 즉 無色의 夷, 無聲의 希, 無形의 微를 가지고 하나(道)가 되는 것이다.

■ 此三者, 不可致詰 : 이 세 가지로 (궁구하여도) 밝힐 수 없다.

■ 致詰 : 묻고 또 물어서 극단까지(致) 窮究하여 파악하는 것(詰).

■ 故混而爲一 : 그러므로 이 셋(夷, 希, 微)이 섞여 하나의 道가 된다.
· 一 : 抱一의 一이니 바로 道를 말한다.

■ 其上不皦, 其下不昧, 繩繩不可名, 復歸於無物 : 道의 위는 밝지 않고, 아래도 어둡지 않으며, 道의 작용은 끊임없이 이어지고 이어져 이름 지을 수 없어, 끝내 무의 세계로 복귀한다.
· 其上不皦 其下不昧 : 道의 위는 밝지 않고, 아래도 어둡지 않다.
· 其 : 道를 가리킨다. 물체가 아닌 것으로 위에 있으니 밝고, 아래에 있으니 어두운 것이 없다.
· 繩繩 : 綿綿, 줄, 새끼, 끈이 끊어지지 않고 면면히 이어지다. 道의 작용(운행)이 끊

어지지 않고 끊임없이 이어지다.
- **復歸於無物**(복귀어무물) : 물질세계가 없는, 물질을 초월한 세계로 되돌아가다. 有色, 有聲, 有形의 세계가 아닌 無色之夷, 無聲之希, 無形之微의 세계로 되돌아간다는 것은 道의 이치를 설파한 것이다.

▌**是謂無狀之狀, 無物之象, 是謂惚恍**(시위무상지상, 무물지상, 시위홀황) : (무물의 세계로 회귀하는 것을) 狀이 없는 狀이라 하고, 물질이 없는 象을 恍惚하다고 하는 것이다. 보려고 애를 써도 보이지 않는 夷의 세계를 나타낸다.
- **無物**(무물) : 물질의 세계를 초월한 상태. 형이상학적인 세계.

▌**無狀之狀**(무상지상) : 모양이 없는 모양
존재는 하지만, 아직 視之, 聽之, 搏之해도 알 수 없는 상태지만 뭔가가 분명히 존재하는 상태로 인간의 시각적, 청각적, 촉각적, 말초감각적 경지를 넘어선 미묘한 황홀한 상태.

▌**無物之象**(무물지상) : 無狀之狀과 비슷한 의미로 형태가 없는 것이지만 분명히 존재하는 현상적 형상이 없는 형상. 뭐라고 표현할 수 없는 인간의 인식을 초월한 세계

▌**惚恍**(홀황) : 어렴풋하여 뚜렷하지 않은 道를 의미하며 玄, 幽를 의미.

▌**迎之 不見其首, 隨之 不見其後**(영지 불견기수, 수지 불견기후) : 이(之, 道)를 맞이해도 그(其, 道) 시작(머리)을 볼 수 없고 이(之, 道)를 뒤 따라가도 그(其, 道) 끝(꼬리)을 볼 수 없다. 즉 어느 쪽을 보아도 도대체 그 모습(道)을 볼 수 없다.
- **迎之**(영지) : 마주하여 앞모습을 보는 것
- **隨之**(수지) : (뒤를) 따라간다.

▌**執古之道 以御今之有**(집고지도 이어금지유) : 옛날의 道를 가지고(잡아서) 지금의 현실(만물)을 다스린다.
- **有**(유) : 천지간의 모든 사물

▌**能知古始**(능지고시) : 옛 始原(태초의 근원)을 알 수 있다.

┃**是謂道紀** : 이를 道의 본질(기원)이라고 한다.
· **道紀** : 道의 본질, 기원
· **紀** : 본질, 규율, 실마리

┃ 道에 대한 정의와 특징을 밝힌 장이다.

▶ 希자는 巾(수건)+爻(효, 배우다)가 결합한 모습이다. 希자에 쓰인 爻자는 천(巾)에 새긴 자수(爻)를 표현한 것이다. 자수가 새겨진 천은 그렇지 않은 천보다 가격이 비쌌다. 그래서 希자는 〈바라다, 동경하다〉라는 것은 비싼 천을 가지고 싶은 마음이라는 뜻이다.

볼 視, 그것 之, 볼 見, 일컬을 名, 가로 曰, 색깔 없을 夷, 들을 聽, 들을 聞, 소리없을 希, 잡을 搏, 얻을 得, 작을 微. 이 此, 석 三, 놈 者, 이를 致, 물을 詰, 그러므로 故, 섞을 混, 밝을 皦, 어두울 昧, 이어질 繩, 다시 復, 돌아갈 歸, 만물 物, 모양 狀, 모양 象, 미묘할 恍, 불확실할 惚, 이 是, 까닭 以, 이를 謂, 맞이할 迎, 머리 首, 따를 隨, 뒤 後, 잡을 執, 옛 古, 이치 道, 다스릴 御, 이제 今, 능할 能, 알 知, 처음 始, 벼리 紀

《해설》

道의 형이상학적 본질이란 夷, 希, 微다. 즉 보려고 해도 보이지 않고, 들으려고 해도 들리지 않으며, 잡으려 해도 잡을 수 없으며, 쉬지 않고 끊임없이 이어지는 道, 현상세계를 초월한 無狀의 狀, 無物의 象으로써 표현 불가능하고, 황홀하고 보이지 않으니, 앞에서 보아도 머리를 볼 수 없고, 뒤에서 보아도 뒷모습을 볼 수 없다. 그러면서도 이 우주 만물을 지배하고 가장 오래된 처음의 것이며 만물을 시작하였으니 오직 道紀라고 할 뿐이다. 뭐라고 한마디로 표현할 수 없는 道의 특성을 상하 전후로 묘사했다. 도대체 이를 뭐라고 한다? 그것은 황홀한 것이며 무상의 상이요, 무형의 형이라고 밖에 달리 표현할 수 없다는 것으로 道의 오묘함을 설명한 것이다.

나무 한 그루가 어느 날 싹이 자라 움이 트더니만 며칠 후에 다시 보니 긴 줄기에 굵게 자랐다. 그 성장함이 소리도, 모습도, 작용도 알 수 없지만 분명히 며칠 전보다는 더 자란 것이다. 그 성장과 발육의 원동력이란 과연 무엇인가. 그것은 바로 무위이고, 자연이며 무궁무진한 道의 위력이다. 이렇게 만물의 생성소멸이 다름 아닌 道의 힘이라는 것이다.

15장 道를 따르는 자는 가득 채우려 하지 않는다.

古之善爲士者 : 옛날에 道를 잘 실천하는 선비는
微妙玄通 : 미묘하고 신비하여
深不可識 : 그 깊이를 알 수 없었다.

夫唯不可識 : 오직 그 깊이를 알 수 없으니
故 强爲之容 : 굳이(强) 그 모습을 묘사한다면
豫兮 若冬涉川 : 조심하기는 겨울에 시내를 건너듯 하고
猶兮 若畏四隣 : 머뭇거림은 사방을 경계하듯 두려워하고
儼兮 其若客 : 공손하기는 초대받은 손님 같고
渙兮 若氷之將釋 : 부드럽기는 마치 얼음이 장차 녹듯 하고
敦兮 其若樸 : 순수하기는 마치 통나무 같고
曠兮 其若谷 : 열린 마음은 마치 골짜기 같고
混兮 其若濁 : 뒤섞임은 마치 흐리게 보인다.

孰能濁 : 누가 능히 탁한 것을
以靜之徐清 : 고요하게 서서히 맑게 하겠는가?
孰能安 : 누가 능히 편한 것을
以動之徐生 : 움직여 서서히 역동적으로 만들겠는가?

保此道者 不欲盈 : 道를 지키는 사람은 가득 채우려 하지 않는다.
夫唯不盈 故能敝而新成 : 가득 채우지 않으니 낡아서 새로워진다.

■ ^{고지선위사자} ^{미묘현통} ^{심불가식}
  古之善爲士者, 微妙玄通, 深不可識 : 옛날의 道를 잘 체득한 훌륭한 선비는 미묘현통하여 그 깊이를 알 수 없었다.

■ ^{부유불가식} ^고 ^{강위지용}
  夫唯不可識 故 强爲之容 : 무릇 그 깊이를 알지 못하므로 그것을 굳이(强), 그 道(之)를 표현(容)하면(爲).

■ ^{예혜} ^{약동섭천}
  豫兮 若冬涉川 : 머뭇거리기는 한 겨울에 냇물을 건너듯 하고
· ^{예혜}
  豫兮 : 신중하다. 머뭇거리고 조심하다.

■ ^{유혜} ^{약외사린}
  猶兮 若畏四隣 : 두려워하기는 사방을 포위당한 것 같고
· ^{유혜}
  猶兮 : 두려워하다. 어쩔 줄 모르다.
· ^{약외사린}
  若畏四隣 : 사방이 포위당한 것처럼 두려워하다.

■ ^{엄혜} ^{기약객}
  儼兮 其若客 : 엄숙하기는 손님 같고.
· ^{엄혜}
  儼兮 : 삼가고 공손 모양

■ ^{환혜} ^{약빙지장석}
  渙兮 若氷之將釋 : 풀리기는 얼음이 녹듯 하고

■ ^{돈혜} ^{기약박}
  敦兮 其若樸 : 순박하기는 통나무 같다.

■ ^{광혜} ^{기약곡}
  曠兮 其若谷 : 텅 비어 있기는 골짜기 같고

■ ^{혼혜} ^{기약탁}
  混兮 其若濁 : 혼탁하기는 흙탕물 같다.

■ ^{숙능탁이정지서청}
  孰能濁以靜之徐淸 : 누가 혼탁한 세상을 고요하게 하여 서서히 맑게 할 수 있겠는가?

■ ^{숙능안 이동지서생}
  孰能安 以動之徐生 : 누가 편안하게 서서히 소생시킬 수 있겠는가?.

- <ruby>安以動之<rt>안 이 동 지</rt></ruby> : 편안하게 하여 움직이게 하다.

■ <ruby>保此道者<rt>보 차 도 자</rt></ruby>, <ruby>不欲盈<rt>불 욕 영</rt></ruby>, <ruby>夫唯不盈<rt>부 유 불 영</rt></ruby>, <ruby>故<rt>고</rt></ruby> <ruby>能敝而新成<rt>능 폐 이 신 성</rt></ruby> : 道를 잘 간직한 자는 가득 채우려 하지 않으니 무릇 채우지 않기 때문에 낡으면 새롭게 이룰 수 있다.

- <ruby>保此道者<rt>보 차 도 자</rt></ruby>와 <ruby>古之善爲士者<rt>고 지 선 위 사 자</rt></ruby> : 둘 다 道를 잘 간직한 선비다.
- <ruby>夫唯不盈<rt>부 유 불 영</rt></ruby> : 道를 간직한 자는 가득 채우려 하지 않는다.
- <ruby>能敝而新成<rt>능 폐 이 신 성</rt></ruby> : 낡으면 새롭게 이룬다.
- <ruby>敝<rt>폐</rt></ruby> : 낡아서 해지다. 닳아 없어지다.

옛 古, ~의 之, 잘 할 善, 선비 士, 사람 者, 작을 微, 묘할 妙, 검을 玄, 통할 通, 깊을 深, 아니 不, 가할 可, 알 識, 무릇 夫, 오직 唯, 그러므로 故, 억지로 強, 할 爲, 표현할 容. 머뭇거릴 豫, 어찌 焉, 같을 若, 겨울 冬, 건널 涉, 내 川, 머뭇거릴 猶, 감탄조사 兮, 두려울 畏, 넉 四, 이웃 隣, 의젓할 儼, 손 客, 풀릴 渙, 얼음 氷, 장차 將, 풀 釋, 도타울 敦, 본디 樸, 밝을 曠, 골 谷, 섞을 混, 흐릴 濁, 누구 孰, 고요 靜, 천천 徐, 맑을 淸, 편안 安, 오래 久, 움직일 動, 날 生, 지킬 保, 이것 此, 하고자 할 欲, 찰 盈, 낡을 敝, 새 新, 이룰 成

《해설》

道를 제대로 체득하여 간직한 선비의 세상을 살아가는 태도와 모습을 본다. 미묘현통하여 사람들이 결코 알아볼 수 없는 경지임을 깨닫게 한다. 老子가 주창하는 道를 체득한 선비의 모습은 신중하고, 머뭇거리고, 경계하며, 두려워하며, 때론 공손하고, 유약하고, 여린 인간의 전형을 보여준다. 또한 무위 진리의 道를 철저히 믿고, 강인함과 용기가 내재됨을 알 수 있다. 참 도를 체득한 선비라면 미묘현통한 경지로서 혼탁한 세상을 虛靜으로 다스려 맑게 다스리고 안정시켜 역동적으로 세상을 이룬다.

16장 비우고 고요하면 만물의 본성을 깨달을 수 있다.

致虛極 : 허를 지극하게 이루고,
守靜篤 : 고요함을 굳게 하게 지키면
萬物竝作 : 만물은 함께 생성하여
吾以觀復 : 나는 만물이 근본(道)으로 돌아가는 것을 본다.

夫物芸芸 : 대저 만물이 생겼다가
各復歸其根 : 결국 각기 그 근원(道)으로 돌아간다.

歸根曰靜 : 그 근원으로 돌아가는 것을 靜이라 하고
是謂復命 : 이를 命으로 돌아간다고 한다.
復命曰常 : 명에 가는 것을 常이라 하고
知常曰明 : 常을 아는 것을 明이라고 한다.

不知常 : 이 常의 이치를 모르면,
忘作凶 : 경거망동하여 재앙을 자초한다.
知常容 : 常을 알면 다 포용할 수 있고,
容乃公 : 포용하면 공정해지고
公乃王 王乃天 : 공정하면 王道에 이르고, 王道는 하늘에 이르고
天乃道 道乃久 : 하늘은 道에 이르고, 道는 영원하니
沒身不殆 : 종신토록 위태롭지 않다.

주

▌**致虛極 守靜篤** : 지극한(極) 비움에(虛) 이르고(致) 고요함(靜)을 지켜 도타움(篤)을 유지하면(守).

▌**萬物竝作 吾以觀復** : 萬物이 함께(竝) 일어나니(作) 나는(吾) 그것이(以) 근본(道)에 복귀함을(復) 본다(觀).
· **以** : 虛와 靜이다.

☞ 虛靜에 이르면 만물이 함께 어울려 道에 돌아가는 원리를 말한다.

▌**夫物芸芸, 各復歸其根** : 무릇(夫) 그 작용으로 萬物이 무성하지만(芸芸) 결국 각각 그(其) 근원인 道로(根) 회귀한다(復歸).

▌**歸根曰靜, 是謂復命, 復命曰常, 知常曰明** : 만물은 生長消滅(생장소멸)하는 것이 이치인데 무성했던 만물이 쇠락하여 나왔던 뿌리(根)로 회귀하니(歸) 이를 靜이라 하고(曰) 이를(是) 〈天命으로 회귀한다(復)〉고 한다(謂). 天命으로 회귀함(復)을 常이라 하고(曰) 常을 아는 것을(知) 깨달음(明)이라 한다(曰).
· **歸根曰靜** : 道(根)로 돌아간(歸) 고요한 상태를 靜이라고 한다(曰).
· **歸** : 순환이요, 竝作이요, 徹다.
· **根** : 근원인데, 그 근원이란 常道를 의미한다.
· **復命曰常** : 주어진 天命(運命)의 영원함.
· **知常曰明** : 영원함을 아는 것을 밝은 지혜라고 한다.

▌**不知常, 忘作凶** : 常을 아는 것(知)을 明이라고 하는데 모르면(不) 망령되어(妄) 화를(凶) 자초한다(作).
· **常** : 만물이 결국 예외없이 생장소멸의 과정을 겪고 근원인 뿌리로 되돌아간다는 그 운명(常道, 天命, 宿命)을 의미한다.
· **忘作凶** : 망령되어 화를 초래하다.
· **妄作** : 망령스러운 행동.

■ 知常容 容乃公 : (常을 모르면 화를 자초하는데) 이를 알게 되면(知) 언제나(常) 관대(容)하고 관대하면 끝내(乃) 공평하다(公).
· 容 : 포용성, 관용

■ 公乃王, 王乃天, 天乃道 : 공평하면(公) 王의 덕을 갖추고(乃), 王이 되면 곧(乃) 하늘이고(天), 하늘이 되면 곧(乃) 道가 된다.
· 公乃王 : 공정하면 왕의 덕을 갖추게 된다.
· 王乃天 : 왕의 덕을 갖추면 자연(天)과 같다.
· 天乃道 : 하늘은 무위자연의 道가 된다.

■ 道乃久, 沒身不殆 : 道는 끝내(乃) 영원하고(久), 죽을 때까지(沒身) 위태롭지(殆) 않다(不).
· 沒身 : 몸이 다하다. 죽다.

▶ 虛자는 〈비다〉, 〈공허하다〉라는 뜻이다. 虛자는 虍(범)+丘(언덕)가 결합한 모습이다. 丘자가 다른 글자와 결합할 때는 业(가죽 허)자로 바뀐다. 그래서 虛자는 드넓은 언덕에 호랑이가 나타나자 모두 사라졌다는 의미에서 〈비다〉, 〈없다〉라는 뜻을 갖게 되었다.

이를 致, 빌 虛, 다할 極, 지킬 守, 고요 靜, 도타울 篤, 함께 竝, 만들 作, 일만 萬, 만물 物, 나 吾, 써 以, 살필 觀, 다시 復, 무성할 芸, 돌아갈 歸, 뿌리 根, 이 是, 이를 謂, 망령될 妄, 흉할 凶, 알 知, 항상 常, 너그러울 容, 이에 乃, 공평할 公, 임금 王, 하늘 天, 오래 久, 없어질 沒, 몸 身, 아니 不, 위태할 殆

《해설》

老子의 무위자연, 道의 참모습을 강조하고 득도하려면 致虛極, 守靜篤하라는 것이다. 虛靜의 道를 체득하는 방법이요, 歸根으로 가는 지름길이다. 우선 비워라. 어디까지 그리고 무엇을 비울 것인가? 極에 도달할 때까지, 지극할 때까지 비워라. 私慾이 公慾이 될 때까지 비워라. 인위적인 사욕을 버리지 않는 한 비워지지 않으니 자신이 가진 慾을 버리라는 주장이다. 더불어 守靜篤이란 우주 만물을 들으려고 해도 들리지 않는 그 고요를 더없는 독실함으로 지키라는 것이다. 이 虛와 空을 통하고 無를 말한다. 그 虛靜의 상태가 되면 비로소 자신의 모습, 욕망과 집착을 버리는 본래의 내 모습으로 歸根, 즉 뿌리로 돌아갈 수 있다. 虛靜이 致守될 때 비로소 만물은 함께 일어난다. 즉 들어도 들리지 않는 無聲의 希와 같은 상태가 바로 靜의 경지다. 그렇다면 왜 虛靜의 상태가 돼야 하는가? 虛하지 않으면 인위요, 靜하지 않으면 작위요, 또한 私慾이다. 이거야말로 소중하고 불완전한 생명이 영원하여 생의 마지막까지 화를 초래하지 않는 길이요, 또한 歸根에서 靜의 상태가 되어 천명으로 회귀하는 것이다. 그리하여 道의 영원성, 즉 불변의 常을 알게 되고, 이 常을 모른다면 재앙을 초래할 것이니 이를 깨달아 밝은 지혜를 얻게 되면 그것이 明이요, 나아가 한없이 너그럽고 받아들이는 容의 상태가 되고, 容의 德이 되면 사사로움이 없이 나라를 다스리는 천하의 왕이 되고, 그 왕은 끝내 德을 갖추어 곧 하늘인 神이 되는데 이것은 바로 道가 되고 德을 갖춰 사라지지 않는 영원한 것이다.

17장 지도자의 신뢰가 부족하면 그를 따르지 않는다.

太上 下知有之 : 최고의 지도자는 백성들이 그의 존재만을 알고
其次 親而譽之 : 그 다음은 백성과 친하여 그를 칭송하고
其次 畏之 : 그 다음은 법과 제도로 다스리니 그를 두려워하고
其次 侮之 : 그 다음은 포악하게 다스리니 그를 업신여긴다.

故信不足焉 : 그러므로 지도자에 대한 믿음이 부족하면
有不信焉 : 백성은 지도자를 믿지 않는다.

悠兮 其貴言 : 신중하구나 말의 소중함이여
功成事遂 : 공을 이루고 일을 완수하여도
百姓皆謂 我自然 : 백성들이 모두가 '내가 저절로 그렇게 되었다'고 말한다.

주

■ 太上 下知有之 : 최상의(太) 지도자는(上) 아랫사람들이(下) 지배자(之)가 있는 줄만(有) 안다(知)
· 下知有之 : 백성들은(下) 지도자가(之) 있다는(有) 것만 안다(知).

■ 其次親而譽之 : 그(其) 다음(次)의 지도자는 親하여, 칭송한다(譽).
· 親而譽之 : 지도자와 백성이 親하고, 그리고(而) 백성들은 지도자를(之) 칭송하다(譽).

■ 其次 畏之 : 그(其) 다음(次)은 지도자(之)를 두려워하고(畏),

■ 其次 侮之 : 그(其) 다음(次) 지배자(之)를 얕본다(侮).

· **侮之** : 백성이 법이나 제도 권력을 업신여기다. 무시하다.
묵묵히 복종하는 척할 뿐 진심으로 복종하지 않는다.

▎**信不足焉 有不信焉** : 위정자의 믿음이(信) 不足하면(焉) 백성의 신뢰를 얻지(有) 못한다(不).

▎**悠兮其貴言** : 걱정된다(悠兮). 다스림에 관한 말을(言) 아낀다(貴).

· **貴言** : 평소 훌륭한 지도자로서 말을 아끼고 소중히 여기며, 생각이 깊고 무위자연의 정치를 하며 정책을 남발하지 않는 것이다.

▎**功成事遂** : 功을 이루고(成) 일을(事) 完遂하다.

▎**百姓 皆謂我自然** : 백성이 모두(皆) 자연스럽게 된 것이라고 나(我)에게 말한다(謂)

▶ **譽**자는 與(줄 여)자 + 言(말씀)자가 결합한 모습이다. 與자는 코끼리 상아를 나눠주고 있는 모습을 그린 것으로 〈주다〉라는 뜻인데 〈찬양하다〉, 〈기리다〉라는 뜻도 파생되어 있다.

클 太, 윗 上, 아래 下, 알 知, 있을 有, 그것 之, 그것 其, 버금 次, 친할 親, 그러나 而, 기릴 譽, 두려울 畏, 업신여길 侮, 믿을 信, 아니 不, 족할 足, 어찌 焉, 생각이 깊을 悠, 어조사 兮, 귀할 貴, 말씀 言, 공 功, 이룰 成, 일 事, 이룰 遂, 일백 百, 겨레 姓, 모두 皆, 이를 謂, 나 我, 스스로 自, 그럴 然

《해설》

이상적인 지도자의 治世와 정치의 도리, 그리고 백성을 대하는 자세를 밝힌다. 무위의 정치야말로 정치의 근본이며 大道로 나라를 다스리는 賢君은 백성들이 다스린다는 것조차 모르게 하고, 정책을 아껴 함부로 발령하지 않으며, 선정을 베푸는 리더는 백성과 친밀하고, 지도를 자랑스럽게 여기며 공을 이루고 일을 성취하니 이는 있는 그대로의 작용에 의한 성취로 여기는 것이다.

18장 道가 사라지자, 仁義가 나타났다.

大道廢 有仁義 : 대도가 없어지니, 인의가 생기고
智慧出 有大僞 : 智와 慧가 떠나가니 위선이 만연한다.
六親不和 有孝慈 : 육친이 불화하면 효와 자애가 생기고
國家昏亂 有忠臣 : 나라가 혼란하면, 충신이 나타난다.

▌大道廢 有仁義 : 大道가 없어지자(廢) 仁義가 나타났다(有).

·仁義 : 孔子는 인위적으로 仁에 근접한 것을 樂, 義에 다가가는 것을 禮라 했는데 이를 모두 버리고 無爲大道를 따르라는 말씀이다.

▌智慧出有大僞 : 사람들의 지혜(智慧)가 발달하자(出) 인위적인 위선(大僞)이 생기다(有).

▌六親不和有孝慈 : 六親이 不和하자 孝道니 慈愛니 논란이 생기다.

·六親 : 부모, 형제, 자매 등.

·孝慈 : 부모와 자식 간의 도리.

·孝 : 아랫사람이 윗사람을 사랑함이고,

·慈 : 윗사람이 아랫사람을 사랑함이다.

▌國家昏亂有忠臣 : 국가가 昏亂에 빠지면 忠臣이 나타나다(有).

 義자는 羊+我가 결합한 글자로 羊처럼 착하고 의리있게 나(我)의 마음을 가진다는 뜻으로 「옳다」가 되었다. 羊은 신에게 희생의 양을 바쳐 비는 의식인데, 나중에 〈바르다, 의로운 일〉의 뜻이 되었다.

큰 大, 이치 道, 폐할 廢, 있을 有, 어질 仁, 옳을 義, 슬기로울 惠, 지혜
智, 날 出, 거짓 爲, 여섯 六, 친할 親, 아니 不, 화할 和, 효도 孝, 사랑할
慈, 나라 國, 집 家, 어두울 昏, 어지러울 亂, 충성 忠, 신하 臣

《해설》

仁義란 모두 무위의 대도를 저버린 儒家의 인위적, 가식적, 위선적인 도덕적 규범과 병폐를 비판한다. 대도가 없어지자 인의를 들썩이게 하고 잔꾀를 부리는 교묘한 지혜가 발달하자, 간교한 법과 제도가 만들어졌다. 화목하던 집안이 불화하자, 부모와 자식 간에 효도하라, 자애하라는 도덕적 문제가 떠들썩하고, 평화롭던 나라의 질서가 혼란해져 간신배가 날뛰게 되면 충신이라는 존재가 필요하게 되었다. 역설적으로 날이 갈수록 혼란스런 사회가 악화되면 될수록 법령은 강화되고 道德은 땅에 떨어져 버린 현실을 老子는 안타까워했다. 모든 인위적인 것은 진실이 아닌 위선이며 내실이 없는 外華이니 이를 배제하고 무위자연의 道로 복귀할 것을 강조한다.

老子의 이런 복귀 사상은 영아(嬰兒)로의 복귀, 박(樸)으로의 복귀, 無物로의 복귀, 명으로의 복귀를 주장하는 근거와 같다고 볼 수 있다.

또한 老子는 孔子에 대해 무위가 아닌 인위를 들어 배타적이고 相距的(상거적)인 태도를 취한 것으로 보여서 인의예지에 대한 비판을 서슴없이 가한다.

19장 道를 가슴에 안고 慾望을 버려라

絶聖棄智 : 지도자가 聖과 智를 버린다면
民利百倍 : 백성은 백 배나 이롭고
絶仁棄義 : 仁義를 버리면
民復孝慈 : 백성은 孝와 慈愛가 회복되고
絶巧棄利 : 기교와 이익을 버리면
盜賊無有 : 도둑이 있을 리 없다.
此三者 以爲文不足 : 이 세 가지를 말로 표현하기 어렵다.

故 令有所屬 : 그러므로 백성들이 본래의 덕목을 회복하고
見素抱樸 : 백성들이 소박하고 순수하게 되고
少私寡欲 : 사사로움이 줄고 탐욕이 적어질 것이다.

▎絶聖棄智 民利百倍 : 지도자가 인위적인 聖스러움을 끊고(絶) 잔꾀를(智) 버린다면(棄) 백성은(民) 百倍나 행복하고 利롭다.
·絶聖棄智 : 성인인 체하지 않고 잔꾀를 버리다.

▎絶仁棄義 民復孝慈 : 가식적인 仁을 그만두고(絶) 義를 버린다면(棄) 백성은(民) 孝道와 慈愛를 回復할 것이다.
·民復孝慈 : 백성이 효성과 자애를 회복한다.

▎絶巧棄利 盜賊無有 : 잔꾀(巧)를 그만두고(絶) 利得을 버리면(棄) 盜賊이 있을

(有) 리 없다(無).

- **絕巧棄利** : 잔꾀를 부리지 않고 이득을 버리다.

■ **此三者以爲文不足** : 이(此) 세 가지를(三者) 文字로써(以) 표현하기 不足하니(爲)

- **以爲文不足** : 문장으로 표현하기에는 부족하다. 꾸미기에는 부족하다.

☞ 文이란 문화, 문명 등 인위적으로 다듬고 꾸민 것.

■ **故 令有所屬** : 그러므로(故) 백성들을 소속감(所, 見素抱樸, 少私寡欲)을 갖게(有) 한다면(令)

- **有所屬** : 인의, 꾀와 위선, 효와 자애, 충신이 생기기 이전의 상태(所屬)인 대도가 있던 상태(有)

■ **見素抱樸** : 素素함을 나타내고(見) 있는 그대로(樸) 가지면(抱)

- **見素** : 소박함.

- **素** : 순수, 소박의 뜻인데 원래 희고 고운 무늬가 없는 비단이다.

- 본디대로 樸은 원목, 통나무 등걸로 〈있는 그대로의 자연〉, 순수하고 담백하며 온전함〉, 즉 자연을 의미한다. 꾸미지 않고 인위적, 작위적, 위선적이고 허례허식을 벗어난 무위자연의 경지를 비유한다.

老子는 일체의 文(꾸밈, 인위)을 거부한 오롯이 순수하고 투박한 자연 그대로의 궁극적 존재를 근원적으로 헤아린 것이다. 따라서 素나 樸은 추호도 꾸밈이 없는 순수함, 있는 그대로를 의미지만 인위적으로 꾸미고 다듬은 文과는 반대가 된다.

■ **少私寡欲** : 私欲을 줄기고(少), 욕심을 적게 하라(寡)

- **少私** : 私欲을 적게 가지라. 이기심을 버려라.

▶ 聖자는 耳(귀)+口(입)+壬(천간)자가 결합한 모습으로 본래 〈총명한 사람〉을 뜻하였다. 갑골문을 보면 〈누군가의 말을 귀 기울여 듣고 있는 모습〉을 표현이다. 그래서 聖자는 타인의 말에도 귀를 기울일 줄 아는 〈현명한 사람〉, 〈총명한 사람〉을 뜻했었다. 하지만 후에 뜻이 확대되어 지금은〈성인, 임금, 거룩하다〉라는 뜻으로 쓰이고 있다.

끊을 絶, 성인 聖, 버릴 棄, 슬기 智, 백성 民, 이로울 利, 일백 百, 곱 倍, 어질 仁, 옳을 義, 돌아올 復, 효도 孝, 사랑할 慈, 재주 巧, 훔칠 盜, 도둑 賊, 없을 無, 있을 有, 이 此, 석 三, 것 者, 써 以, 할 爲, 글월 文, 그러므로 故, 하여금 令, 바 所, 엮을 屬, 볼 見, 흰 비단 素, 안을 抱, 본디 樸, 적을 少, 사사 私, 적을 寡, 하고자 할 欲

해설

훌륭한 지도자는 聖智, 仁義, 巧利를 버리고, 見素抱樸(견소포박), 少私寡欲하라는 주장이다. 聖智를 버리면 백성이 잘살고, 인의가 사라지면 효성과 자애가 나타나고, 巧利가 없어지면 도둑 없는 세상이 될 것이다. 소박함을 보이면 백성은 자연 그대로의 무위를 안고 사사로움이 적어지고 욕심이 사라진 곳에 자유가 있다는 것을 강조했다. 우리가 사는 현실은 有爲의 총화요, 집합체요, 蔓延(만연)이다. 엄청난 문화와 문물 속에서 무한한 욕심과 경쟁의 굴레를 끼고 힘들고 지친 하루하루를 사는 불쌍한 肖像(초상)들이다. 老子의 素樸은 有爲와 작위의 겉치레와 고통에서 우리를 해방시킨다.

20장 길러주신 어머니, 道를 소중하게 여긴다.

_{절학 무우}
絶學 無憂 : 배움을 중단하면 걱정이 없어진다.

_{유지여아   상거기하}
唯之與阿 相去幾何 : 존대말과 반말 사이에, 무슨 차이가 있는가?
_{선지여악   상거하약}
善之與惡 相去何若 : 선과 악은 무슨 차이가 있는가?

_{인지소외   불가불외}
人之所畏 不可不畏 : 남들이 두려워하는 것을 나도 두려워해야 하나.
_{황혜   기미앙재}
荒兮 其未央哉 : (그런 논쟁은) 황망하여 끝이 없구나!

_{중인희희}
衆人熙熙 : 사람들은 즐거워 희희낙낙하고,
_{여향태뢰}
如享太牢 : 소를 잡아 잔치하듯 즐기고,
_{여춘등대}
如春登臺 : 봄날 누대에 올라 기뻐하는데
_{아독박혜   기미조}
我獨泊兮 其未兆 : 나 홀로 멍하여 아무런 기색도 없으니
_{여영아지미해}
如嬰兒之未孩 : 웃을 줄도 모르는 갓난아이 같구나.
_{래래혜   약무소귀}
儽儽兮 若無所歸 : 고달프고 지쳤으나 돌아갈 곳조차 없구나.

_{중인   개유여}
衆人 皆有餘 : 모두들 여유롭지만
_{이아독약유}
而我獨若遺 : 나 홀로 버려진 것 같네.
_{아우인지심야재}
我愚人之心也哉 : 나는 어리석고
_{돈돈혜}
沌沌兮 : 어리숙하구나.

_{속인소소   아독혼혼}
俗人昭昭 我獨昏昏 : 사람들은 밝은데, 나 홀로 어리석고
_{속인찰찰   아독민민}
俗人察察 我獨悶悶 : 사람들은 슬기로운 듯하나 나만 홀로 답답하구나.

道 德 經/上篇 • 69

澹兮 其若海 : 조용하구나! 넓은 바다처럼
飂兮 似無所止 : 끝없이 부는 바람 같구나. 그칠 줄 모르는 것처럼
衆人 皆有以 : 사람들은 모두 쓸모가 있으나
而我獨頑且鄙 : 나는 홀로 완고하고 촌스럽네.
我獨異於人 : 나 홀로 사람들과 달라
而貴食母 : 나를 길러주신 어머니를 소중히 여긴다.

▎絶學無憂 : 배움을 그치면 걱정이 없다.
 ・絶學 : 학문을 버리다.
☞ 孔子는 학문을 읽혀 군자가 되고 선비가 되며 인의예지를 터득하는 인간학이라고 강조한 데 반해, 老子는 학문이 근심・걱정의 근원이 되고 위선과 독선 그리고 잘난 체, 아는 체하는 유위의 근원으로 보아 끊어버리라고 주장한다. 따라서 여기에서의 絶學의 學은 유교에서 말하는 學을 의미한다.

▎唯之與阿 相去幾何 : 존대말 예!와 반말의 응!이라는 대답이 무슨 차이가 있겠는가?
 ・唯 : "네!"하고 윗사람에게 하는 공손한 대답.
 ・阿 : "응!"하고 허물없이 하는 대답.
 ・幾何, 何若 : 둘 다 같은 말로써 〈무슨 차이〉의 뜻

▎善之與惡 相去何若 : 선과 악은 무슨 차이가 있겠는가?

▎人之所畏 不可不畏 : 사람들이 두려워하는 것을 나도 두려워하지 않을 수 없다.

▎荒兮 其未央哉 : 그런 차이의 논쟁은 허황하여 끝이 없네!
 ・央 : 盡(끝, 다함), 중심

▎衆人熙熙, 如享太牢, 如春登臺 :많은 사람이 희희낙락 즐거워하고, 소를 잡아 잔치

를 하듯 즐거워하고, 봄날 누대에 오른 듯하다.
- 熙熙(희희) : 부귀명리의 경쟁에 치열하고, 들떠 기뻐하다. 희희낙낙하다.
- 如享太牢(여향태뢰) : 진수성찬을 받은 것 같다.
- 享(향) : 受, 대접받다.
- 太牢(태뢰) : 소, 돼지, 양 등의 고기 요리.
- 登春臺(등춘대) : 봄날 높은 누대에 올라가서 즐기는 것.

▍我獨泊兮 其未兆(아독박혜 기미조) : 나 홀로 멍하여 아무런 기색이 없고
- 未兆(미조) : 기미, 기색이 전혀 없다는 말로 움직이지 않고 있다.

▍如嬰兒之未孩(여영아지미해) : 웃을 줄도 모르는 어린아이 같고
- 未孩(미해) : 어린아이처럼 웃지 않는다.
- 孩(해) : 웃는 어린아이

▍儽儽兮 若無所歸(래래혜 약무소귀) : 고달프구나. 돌아갈 곳도 없이
- 儽儽(래래) : 고달프고 피곤하다.

▍衆人皆有餘 而我獨若遺(중인개유여 이아독약유) : 사람들은 여유롭지만 나 홀로 버려진 것 같다.
- 遺(유) : 棄, 잃어버리다. 버리다.

▍我愚人之心也哉 沌沌兮(아우인지심야재 돈돈혜) : 내 마음 바보처럼 어리숙하구나!
- 沌沌(돈돈) : 우매, 무지한 모양.
- 沌(돈) : 어둡다. 만물의 생성 근거가 아직 나누어지지 않은 모양.

▍俗人 昭昭, 我獨昏昏(속인 소소, 아독혼혼) : 사람들은 약삭빠르지만 나 홀로 어리숙하다.
- 昭昭(소소) : 약삭빠르다.
- 昏昏(혼혼) : 정신이 들지 않고 멍하다. 어둡다.

▌俗人 察察, 我獨悶悶 : 사람들은 깐깐하지만 나 홀로 답답하다.
　·察察 : 깐깐하다.　·悶悶 : 답답하다.

▌澹兮其若海 : 고요하구나. 바다같이
　·澹兮 : 고요하구나! 바닷물이

▌飂兮似無所止 : 휘몰아치는 바람처럼 멈출 줄을 모른다.
　·飂兮 : 바람 부는 소리.

▌衆人皆有以而我獨頑且鄙 : 모두 유능하나 나 홀로 완고하고 어리석다.
　·以 : 用

▌我獨異於人 而貴食母 : 나만 세상 사람들과 달리 길러주신 만물의 어머니(道)를 소중히 여긴다.
　·貴食母 : 어머니(玄牝, 谷神)로부터 길러지는 것을 귀하게 여기다.

▶ 學자는 臼(절구)+宀(집)+爻(효)+子(아들)가 결합한 모습이다. 갑골문에 나온 學자를 보면 집을 뜻하는 宀자 위로 爻자를 감싼 양손이 그려져 있다. 爻자가 무늬나 배움과 관련된 뜻이니 이는〈배움을 가져가는 집〉이라는 뜻이다. 즉 學자는 집이나 서당에서 가르침을 받는다는 뜻이다.

끊을 絶, 배울 學, 없을 無, 근심 憂, 예 唯, 이것 之, ~과 與, 응 阿, 서로 相, 차이 去, 거의 幾, 무엇 何, 착할 善, 싫어할 惡, 같을 若, 바 所, 두려울 畏, 아니 不, 허황 荒, 다할 央, ~구나 哉, 무리 衆, 놀아날 熙, 같을 如, 누릴 享, 클 太, 우리 牢, 봄 春, 오를 登, 대 臺, 나 我, 홀로 獨, 고요할 泊, 조사 兮, 아닐 未, 조짐 兆, 갓난애 嬰, 아이 兒, 어린아이 웃음 孩, 고달플 儽, 돌아갈 歸, 모두 皆, 있을 有, 남을 餘, 그리고 而, 버릴 遺, 어리석을 愚, 마음 心, 어조사 也, 어두울 沌, 풍속 俗, 밝을 昭, 어두울 昏, 살필 察, 깨닫지 못할 悶, 출렁댈 澹, 바다 海, 높이 부는 바람 飂, 그칠 止, 완고할 頑, 어리석을 鄙, 다를 異, 귀할 貴, 기를 食, 어미 母

《해설》

학문과 예를 거부하고, 선악이라는 도덕적 규범을 멀리하라. 인위적으로 학문을 닦고 문화니 문명이니 하는 위선을 내던져라. 그런 것들은 황막하여 끝이 없기 때문이다. 이런 사고방식은 현대인들에게는 무척 이상하고 낯설지만, 천지자연의 道로 돌아가야 한다. 사람들에게 대답할 때 정중하게 예! 라고, 대답하는 것과 건방지게 응! 이라고 대답하는 것이 무슨 차이가 있는가. 마찬가지로 선과 악이란 것도 역시 큰 차이가 없지 않은가. 이런 차이를 따지고 논하는 것이 황막하기 끝이 없다. 사람들은 큰 잔치에 벌린 듯 기뻐하고, 화창한 봄날을 즐기듯 하고 여유로운 듯, 매사는 깐깐하고 약삭빠르게 살지만 오직 인간의 궁극을 찾으려는 나(老子)만이 홀로 고요하고 움직일 기색조차 없고, 웃을 줄도 모르는 어린애 같고 나른하고 피곤하여 돌아갈 곳 없는 것 같구나. 사람들은 여유로운 데 나 홀로 버림받은 바보처럼, 넘실거리는 바다처럼, 안정을 찾지 못하고 스쳐가는 바람 같구나. 사람들은 유능한데 나만 홀로 어리석고 촌스럽구나. 다만 세상 사람들과 달리 나를 길러주신 어머니 道만이 소중할 뿐이다. 이 장은 道의 측면에서 본다면 일반 백성처럼 깊은 생각에 잠긴 지식인의 앎이 오히려 삶의 비애요, 짐이라는 것을 강조한다.

21장 道로써 만물의 근원을 알 수 있다.

孔德之容 : 위대한 德의 모습은
唯道是從 : 오로지 道를 따르는 것이니
道之爲物 : 道는 만물에 작용하는데
唯恍唯惚 : 오직 황홀할 뿐이다.

惚兮恍兮 其中有象 : 아득하고 흐릿한 가운데 象이 있고
恍兮惚兮 其中有物 : 아득하고 흐릿한데 그 안에 만물이 있고
窈兮冥兮 其中有精 : 깊고 아득하나 그 안에 정기가 있고
其精甚眞 其中有信 : 그 정기는 참되고 그 안에 믿음이 있다.

自古及今 : 예로부터 지금까지
其名不去 : 이름이 사라지지 않은 것은
以閱衆甫 : 이것으로 만물의 근원을 알 수 있다.

吾何以知衆甫之然哉 : 내가 무엇으로 만물의 근원을 아는가.
以此 : 무위자연의 道로써 알 수 있다.

주

▎孔德之容 唯道是從 : 위대한 德의 모습은 오직 道를 따르는 것이다.

· 孔德은 큰 덕, 대덕. 孔은 大, 虛를 뜻한다.

▎道之爲物 唯恍唯惚 : 道가 만물에 작용하여 황홀할 뿐이다.

- ^{도 지 위 물}　
  道之爲物 : 道가 만물에 작용하다.
- ^{황 홀}　
  恍惚 : 어렴풋하여 분명하지 않다.

▎^{홀 혜 황 혜　기 중 유 상}
惚兮恍兮 其中有象 :황홀하고 황홀한 가운데 형상이 있다.

▎^{기 중 유 물}
其中有物 :그 가운데에 만물이 있다.

▎^{요 혜 명 혜　기 중 유 정}
窈兮冥兮 其中有精 : 그윽하고 아득하다. 그 안에는 정기가 있다.
- ^명
  冥 : 아득하다. 깊숙하다. 어둡다. 아득하다. 恍, 惚, 窈.
- ^정
  精 : 근원적인 본질이나 정기, 기운, 精髓.

▎^{기 정 심 진　기 중 유 신}
其精甚眞 其中有信 : 정기는 지극한 진실이 있고 그 안에 믿음이 있다.
- ^{심 진}
  甚眞 : 지극히 진실하다. 지극히 순진하다.
- ^{유 신}
  有信 : 道에 대한 믿음이 있다.

▎^{자 고 급 금　기 명 불 거　이 열 중 보}
自古及今 其名不去 以閱衆甫 : 예로부터 지금까지 그 명성이 사라지지 않거늘 道라는 이름으로써 만물의 근원을 통솔하기 때문이다.

▎^{이 열 중 보}
以閱衆甫 : 만물의 근원을 통솔하다.
- ^{중 보}
  衆甫 : 道에서 나온 만물, 始原, 理致
- ^보
  甫 : 아무개. 사나이. 크다.

▎^{오 하 이 지 중 보 지 연 재　이 차}
吾何以知衆甫之然哉 以此 : 내가(吾) 어떻게(何) 만물의(之) 유래(衆甫)가 그러함을(然哉) 알겠는가(以知)?
- ^{이 차}
  以此 : 道로써 안다.

▶ ^중中자는 무언가를 꿰뚫는 모습이다. 갑골문에는 中자가 진지 중앙에 펄럭이는 깃발을 그린 것으로 〈가운데〉, 〈중앙〉 때로는 〈속〉, 〈안〉, 〈마음〉과 같은 사물의 중심을 뜻하기도 한다.

클 孔, 큰 德, 모습 容, 오직 唯, 따를 從, 미묘할 恍, 어렴풋 할 惚, 어조사 兮, 그것 其, 가운데 中, 있을 有, 모양 象, 그윽할 窈, 아득할 冥, 만물 物, 기운 精, 심할 甚, 참 眞, 믿을 信, 스스로 自, 옛 古, 미칠 及, 이제 今, 이름 名, 갈 去, 검열할 閱, 무리 衆, 클 甫, 이것 此

해설

보이지 않고(夷), 들리지 않고(希), 붙잡을 수 없고(微) 어렴풋하고(窈) 그윽한(冥) 道의 중요성을 강조하였다. 道가 우주 만물에 작용하니 이를 德이라 한다. 그러므로 우주 만물은 道로 말미암아 생성소멸하고 이것이 德으로 나타난다. 따라서 텅 비고 큰 德이란 오로지 큰 道로부터 나온다. 道는 어렴풋하여 잘 분간할 수 없고 그러면서도 무엇인가 모양이 있으며 실재하고 있다. 심오하고 그윽한 속에 오묘한 정수가 들어 있고, 그 정수는 더없는 진리로서 그 속에 창조함으로써 신뢰가 있다. 그것은 예로부터 지금까지 변함이 없이 道라고 하여 수많은 우주 만물을 통솔하는 우두머리다. 내가 무엇으로 그것을 아는가 하면 무위자연의 道의 작용으로 알 수 있다.

22장 道를 품어 천하의 모범이 되어라.

曲則全 枉則直 : 굽으면 온전하고, 휘어지면 곧아지고
窪則盈 幣則新 : 움푹하면 채워지고, 낡으면 새로워진다.
少則得 多則惑 : 적으면 얻고, 많으면 미혹된다.

是以 聖人抱一 : 이런 까닭에 성인은 하나(道)를 안고,
爲天下式 : 천하의 모범으로 삼는다.

不自見 故明 : 성인은 스스로 드러내지 않으니 더 밝고
不自是 故彰 : 스스로 옳다고 주장하지 않으니 더욱 드러나고
不自伐 故有功 : 스스로 자랑하지 않으니, 그 공이 더 두드러지고
不自矜 故長 : 스스로 뽐내지 않으니 오래 간다.

夫唯不爭 : 누구와도 다투지 않으니
故 天下莫能與之爭 : 그래서 천하의 누구와도 맞서 다툴 일이 없다.

古之所謂 曲則全者 : 옛말에 '굽으면 온전하다'고 했는데
豈虛言哉 : 어찌 헛된 말이겠는가?
誠全而歸之 : 참으로 온전하면 자연으로 돌아가는 것이다.

주

▌曲則全 : 자연의 변화(道)는 굽어진 것은 온전해지고

道 德 經/上篇 · 77

■ ^{왕 즉 직}枉則直 : 휘어진 것은 곧아진다.

■ ^{와 즉 영}窪則盈 : 움푹 패이면 가득 채워진다.
· ^와窪 : 웅덩이처럼 움푹 패인 것

■ ^{폐 즉 신}敝則新 : 오래되어 낡고 해지면 곧 새로워진다.

■ ^{소 즉 득}少則得 : 적으면 얻게 되고

■ ^{다 즉 혹}多則惑 : 재산이나 학문, 지식이 많으면 의혹된다.

■ ^{포 일 위 천 하 식}抱一爲天下式 : 하나(道)를 체득하면 천하의 본보기가 된다.
· ^식式 : 본보기, 법, 규칙, 모범.

■ ^{불 자 현 고 명}不自見故明 : 자신을 스스로 드러내지 않으니 오히려 더 현명하다.

■ ^{불 자 시 고 창}不自是 故 彰 : 스스로 옳다고 하지 않으니 옳음이 더 드러난다.

■ ^{불 자 벌 고 유 공}不自伐 故 有功 : 자신의 공을 자랑하지 않으니 그 공이 더 크다.
· ^벌伐 : 자랑, 공적, 성과

■ ^{불 자 긍 고 장}不自矜 故 長 : 자신이 잘난 척하지 않기 때문에 오래간다.
· ^긍矜 : 뽐내고 자랑하다. 불쌍히 여기다.

■ ^{천 하 막 능 여 지 쟁}天下莫能與之爭 : 천하의 누구와도 맞서 다투지 않는다.
· ^여與 : 같이, 더불어, 좋아하다, 편을 들다.

■ ^{성 전 이 귀 지}誠全而歸之 : 참으로 온전하게 하면 자연으로 돌아온다.

▶ 明자는 日(날)+月(달)자가 결합한 모습이다. 낮을 밝히는 태양(日)과 밤을 밝히는 달(月)을 함께 그린 것이니 밝은 빛이 있는 곳에서는 사물의 실체가 잘 드러나게 될 것이다. 그래서 明자는 〈밝다〉, 〈명료하게 드러나다〉, 〈하얗다〉, 〈똑똑하다〉와 같은 뜻까지 파생되어 있다.

굽을 曲, 곧 則, 온전 全, 굽을 枉, 곧을 直, 우묵할 窪, 찰 盈, 해질 敝, 새 新, 적을 少, 얻을 得, 많을 多, 미혹할 惑, 이 是, 써 以, 성인 聖, 품을 抱, 법 式, 나타날 見, 밝을 明, 뚜렷할 彰, 자랑할 伐, 공 功, 자랑할 矜, 오래 長, 다툴 爭, 옛 古, 바 所, 이를 謂, 어찌 豈, 빌 虛, 말씀 言, ~인가 哉, 정성 誠, 돌아갈 歸

《해설》

老子의 특징인 역설의 논리가 나타난다. 道에 굽혀서 순종하면 온전하고, 굽으면 곧 펴지며, 낡으면 새로워지고 적어지면 얻게 되고, 많아지면 미혹되는 것이 대자연의 순리다. 그러므로 성인은 이처럼 변함없는 道를 체득하고 이에 따라 세상을 살아가는 법도로 삼는다. 道를 체득한 성인은 자신을 드러내지 않는 밝은 깨달음이 있고, 자신만이 옳다고 주장하지 않으니 더 옳고, 자랑하지 않으니 그 공이 더 크고, 뽐내지 않으니 오래 간다. 그러니 성인은 어느 누구와도 다툴 일이 없는 것이다. 道에 순종하면 온전하다는 옛말이 지극히 옳다는 주장이다. 그러나 사람들은 더 옳다고 주장하니 옳음도 감소되고 싫어지며 자랑하고 뽐내니 눈살이 찌뿌려지고 거부감이 생긴다.

老子는 三寶가 있다고 했다. 그 一寶는 慈愛요, 二寶는 謙下요, 三寶는 남 앞에 서지 않는 것이라고 했다. 이 장에서도 항상 남 앞에 서기보다는 뒤에 서는 삶을 강조한다. 남 앞에 서려는 처세보다는 뒤에 서고 무리하지 않으며, 집요한 자기주장보다는 차라리 지는 것이 결국 이기는 것이 되고, 처절한 투쟁보다는 다투지 않고 굴욕을 참는 것이다. 그렇다고 우유부단하거나 소극적 자세를 견지하는 것이 아니라 철저한 자기절제와 道에서 나오는 흔들리지 않는 중후한 法式이 자리하고 있는 것이다.

23장 믿음이 부족하면 불신이 따른다.

希言 自然 : 적은 말을 하는 것은 자연이다.
故飄風不終朝 : 모진 바람도 아침 내내 불 수 없고,
驟雨 不終日 ; 소나기도 온종일 내릴 수 없다.

孰爲此者天地 : 누가 이를 주관하는가? 천지다.
天地尙不能久 : 천지조차도 오래 갈 수 없거늘
而況於人乎 : 하물며 사람이 어찌 오래 갈 수 있겠는가?

故 從事於道者 同於道 : 그러니 道에 종사하는 자는 道와 동화되고
德者 同於德 : 德을 따라 섬기는 자는 德에 동화되며
失者 同於失 : 道德을 잃는 자는 그 잃음과 동화된다.

同於道者 道亦樂得之 : 道와 동화되면 道 역시 그를 얻어 기뻐하고
同於德者 德亦樂得之 : 德과 동화되면 德 역시 그를 얻어 기뻐한다.

同於失者 : 道와 德을 잃음과 동화된 사람은
失亦樂得之 : 잃음도 또한 그를 얻어 기뻐할 것이다.

信不足 有不信 : 믿음이 부족하면 불신이 따르게 마련이다.

▮希言 自然 : 말을 적게 하는 것이 자연이다. 들어도 들리지 않는 자연의 소리가 希言인데 희언은 無言이요, 무위자연의 소리다.

- ^{희언}希言 : 무언, 말이 없다. 거의 말하지 않다. 말하지 않으면서도 일체의 진리를 말하는 소리 없는 소리.
- ^희希 : 들어도 들리지 않는 소리.
- ^{자연}自然 : 인위의 유한성을 넘어 영원한 것

▌^{고 표풍 불종조 취우 불종일}故 飄風 不終朝, 驟雨 不終日 : 천지를 뒤흔드는 회오리바람도 아침 내내 불지 않고, 무서운 소나기도 온종일 내릴 수 없다.
- ^{부종조}不終朝 : 날이 밝은 이후 조반 전까지 끝내지 못하고
- ^{취우 불종일}驟雨 不終日 : 소나기도 하루 종일 내리지 못한다.
- ^{취우}驟雨 : 폭우, 무섭게 내리는 소나기
- ^취驟 : 말이 빨리 달리다.

▌^{숙위차자 천지}孰爲此者 天地 : 무엇이 이렇게 하는가, 천지다.

▌^{천지상불능구 이황어인호}天地尙不能久 而況於人乎 : 천지도 지속할 수 없거늘 하물며 인간에게서랴!
- ^{상불능구}尙不能久 : 오히려 영구히 지속될 수 없다.

▌^{고 종사어도자 도자동어도}故 從事於道者 道者同於道 : 그러므로 道를 섬기는 자는 道와 하나가 되어 동화되고
- ^{종사}從事 : 道에 마음과 힘을 다함.

▌^{덕자 동어덕 실자 동어실}德者 同於德 失者 同於失 : 德이 있는 자는 德과 하나가 되고, 德을 잃은 자는 그 잃음과 하나가 된다.
- ^{실자}失者는 무위의 도덕을 잃음이다.
- ^{동어실}同於失 : 失은 도덕을 잃고 난 뒤 유교의 仁義禮와 동화되는 것.

▌^{동어도자 도역락득지}同於道者 道亦樂得之 : 道와 동화되면 道도 그것을 얻어 기쁘다.
- ^{동어도자}同於道者 : 道와 동화되면

■同^동於^어德^덕者^자 德^덕亦^역樂^락得^득之^지 : 德과 동화된 자는 德을 얻어 기뻐하고.
·同^동於^어德^덕者^자 : 德과 동화된 자. 德과 동화되면.

■同^동於^어失^실者^자 失^실亦^역樂^락得^득之^지 : 무위 道德과 동화되지 않고 인위와 하나가 되는 즐거움을 의미한다. 여기에서 失은 유교의 군자들과 동화되는 것

■信^신不^부足^족 有^유不^불信^신 : 무위에 대한 믿음이 백성들에게 만족스럽지 못하면 믿음이 없어진다.
·信^신不^부足^족 : 무위자연의 信^신實^실.

드물 希^희, 말씀 言^언, 스스로 自^자, 그럴 然^연, 회오리 바람 飄^표, 바람 風^풍, 끝날 終^종, 아침 朝^조. 빨리 달릴 驟^취, 비 雨^우, 날 日^일, 누구 孰^숙, 이 此^차, 하늘 天^천, 땅 地^지, 오히려 尙^상, 오래 久^구, 하물며 況^황, 큰 德^덕, 한가지 同^동, 잃을 失^실, 또 亦^역, 즐거울 樂^락, 얻을 得^득, 그것 之^지, 믿을 信^신

《해설》

希言이란 말이 적음이요, 없음(無言)이다. 천지, 자연은 많은 말을 하지 않는다. 기껏해야 폭풍이 몰아쳐도 잠깐이고, 소나기도 잠시뿐이다. 천지자연의 이치도 이러하거늘 어찌 법령이 난무하는 말이 많을 수 있겠는가? 천지가 하는 일, 뒤흔드는 질풍의 울부짖음도, 휘몰아치는 폭우가 내리는 그런 천지의 일, 천지의 언어도 잠시 지속될 뿐이다. 그런데 사람의 일이야 어찌 더 말할 수조차 없지 않겠느냐.

말 많은 세상에서 자연의 道처럼 본래의 靜之又靜의 상태로 되돌아가 希言의 진리를 수행하고 우주 만물의 변함없는 조화를 이루어라.

자연스러운 것은 오래 지속되지만 부자연스럽고 인위적인 것은 오래 지속되지 않는다. 무위자연에 대한 신실이 부족하면 누구한테도 불신이 따르게 마련이다. 온갖 소리를 희언처럼 잠재우고 混沌이 사라진 무위의 세계를 펼치라 한다.

자연의 道가 무슨 말을 하는가. 그리고 그 말을 들어보았는가? 들으려고 해도 들리지 않는 말 그것을 希(聽之不聞 名曰希. 14장)라고 했다. 귀로 들을 수 없는 무언의 큰 소리가 希다. 귀에 들리는 것은 소리가 있다. 소리가 없음은 귀에 들림이 없으니, 이것을 바로 希라고 한다. 변화무쌍한 자연은 저마다 자기 소리가 있다(莊子, 天籟).

道는 말하지 않아도 온갖 진리를 저절로 말하고 자연스럽게 작용할 뿐이다. 그 道는 그토록 위대한 일을 해도 말하지 않고, 자랑하지 않고, 뽐내지 않고, 묵묵히 진리를 말없이 실천할 뿐이다. 그 말 없음을 희언이라 하는 무위자연을 바로 道에서 老子는 찾는다. 그리고 텅 빈 虛에 이르고(致虛極) 고요 속으로(守靜篤) 돌아와 근원을 소리 없는 소리로 듣고, 말 없는 말로써 하는 것, 그것은 道를 체득한 무위의 성인만이 할 수 있는 경지이다.

24장 잘 낫다고 자랑하지 말라.

_{기 자 불 립}
企者不立 : 발돋움으로 서면 오래 서 있을 수 없고,

_{과 자 불 행}
跨者不行 : 다리를 벌리고 걷는 자는 오래 걸을 수 없다.

_{자 현 자 불 명}
自見者 不明 : 스스로 드러내는 자는 현명하지 못하고,

_{자 시 자 불 창}
自是者 不彰 : 스스로 옳다고 주장하는 자는 돋보일 수 없다.

_{자 벌 자 무 공}
自伐者 無功 : 스스로 자랑하는 자는 공이 없어지고,

_{자 긍 자 부 장}
自矜者 不長 : 스스로 자랑하는 자는 공이 오래가지 못한다.

_{기 재 도 야}
其在道也 : 이런 것들을 무위자연의 道에서 보면,

_{왈 여 식 췌 행}
曰餘食贅行 : 먹다 남은 찬밥이요, 쓸모없는 행동이다.

_{물 혹 오 지}
物或惡之 : 모두 다 싫어한다.

_{고 유 도 자 불 처}
故 有道者不處 : 道를 가진 자는 이런 일을 하지 않는다.

▌_{기 자 불 립}
企者不立 : 발돋움하고 서 있는 자는 오래 서 있을 수 없다.

· _기企 : _기跂, 발돋움하다.

▌_{과 자 불 행}
跨者 不行 : 큰 걸음을 걷는 자는 오래 걸을 수 없다.

· _과跨 : 다리를 크게 벌리고 큰 걸음으로 걷다.

▌_{자 현 자 불 명}
自見者 不明 : 자신을 내보이려는 자는 현명하지 못하다.

▌_{자 시 자 불 창}
自是者 不彰 : 스스로 옳다고 주장하는 자는 두드러지지 않는다.

- **自伐者 無功** : 스스로 자랑하는 자는 공을 이룰 수 없다.
- 伐 : 자랑하다. 치다.

- **自矜者 不長** : 스스로 뽐내는 자는 오래 갈 수 없다. 스스로 뽐내는 자는 우두머리가 될 수 없다.
- 矜 : 뽐내다. 불쌍히 여기다. 우두머리

- **其在道也 曰餘食贅行** : 그것은 도의 입장에서 보면 먹다 남은 찬밥처럼 쓸모없는 행동이다.
- 餘食 : 먹다 남은 밥. 찬밥.
- 贅 : 혹 덩어리, 쓸데없다. 군더더기다.

- **物或惡之 故 有道者不處** : 만물도 이것을 싫어하므로 道를 가진 자는 결코 그것에 머물지 않는다.
- 物 : 세상 사람. 만물

▶ 自자는 〈스스로〉, 〈몸소〉, 〈자기〉라는 뜻을 가진 글자이다. 自자는 사람의 코의 모양을 본뜬 글자이다. 사람은 코를 가리켜 자기를 나타내므로 〈스스로〉의 뜻으로 삼았다.

발돋움할 企, 놈 者, 아니 不, 설 立. 큰 걸음 跨, 걸을 行, 스스로 自, 나타날 見, 밝을 明, 옳을 是, 드러날 彰, 자랑할 伐, 보람 功, 뽐낼 矜, 오래갈 長, 군더더기 贅, 만물 物, 혹 或, 싫을 惡, 그러므로 故, 있을 有, 이치 道, 살 處

《해설》

부자연스러운 것(인위)은 발돋움이나 큰 걸음처럼 오래 지속되지 못하지만, 道를 아는 자가 세상을 살아가는 마음가짐을 논한 것으로 자연스러운 것(무위)은 오래 지속

된다. 또한 스스로 과시하거나 옳다거나 자랑하거나 뽐내는 見恃伐矜을 하지 말아라. 이는 인위적인 무리한 행동이요, 餘食贅行이니 道를 섬기는 자는 누구나 다 싫어하는 그런 쓸데없는 짓(人爲)을 하지 말라는 주장이다.

25장 道는 하늘보다 먼저 생겼다.

有物混成 : (道)는 여러 가지가 섞여 이뤄졌으니
先天地生 : 천지보다 먼저 생겼다.

寂兮寥兮 : 적막하고 고요하니
獨立不改 : 홀로 존재하여 변함이 없고
周行而不殆 : 두루 순행하면서 위태롭지 않으니
可以爲天下母 : 천하의 어머니라 할 만하다.

吾不知其名 : 나는 그 이름조차 모르지만
字之曰道 : 글자로는 '道'라 부르고
强爲之名曰大 : 억지로 이름 붙인다면 '大'라고 한다.

大曰逝 : 大는 점점 멀리 가는 것이고
逝曰遠 : 멀리 가는 것은 멀어지는 것이고,
遠曰反 : 멀어지는 것은 근원으로 되돌아온다.

故 道大 天大 : 따라서 道가 위대하고, 하늘도 위대하고,
地大 王亦大 : 땅도 위대하고, 왕도 위대하다.

域中 有四大 : 세상에는 네 가지 큰 것이 있는데
而王居其一焉 : 왕도 그중의 하나다.

道 德 經/上篇 • 87

人法地地法天 : 이리하여 사람은 땅을 본받고, 땅은 하늘을 본받고
天法道 道法自然 : 하늘은 道를 본받고, 道는 자연법칙을 본받는다.

주

▍**有物混成** : 우주 만물은 여러 가지가 뒤섞여 이뤄지다.
· **物** : 道의 작용으로 생성된 실체. 우주 만물.

▍**先天地生** : 천지 탄생, 천지개벽, 천지창조 이전에 존재했다.

▍**寂兮寥兮** : 적막하고 고요하다. 寂은 고요하다. 평온하다.

▍**獨立不改** : 홀로 서서 영구불변하다, 道의 절대성을 설명한 말
· **不改** : 영구불변하다. 改는 바뀌다(變). 고치다.

▍**周行而不殆** : 두루 작용하지만 위험하지 않다.
· **周行**이란 천지 만물에 두루 작용하여 운행하는 것이고, 歸行하는 것이며, 歸反하는 것이다. 어머니의 품(道)으로 되돌아오는 것이다.
· **不殆** : 殆는 위태롭다. 다하다. 쉬다, 지치다의 뜻이 있어서 두루 작용하여 위태롭지 않다. 두루 작용하여 쉬지 않다. 두루 작용하여도 지치지 않다.

▍**可以爲天下母** : 그것은 천하 만물의 어머니(道)라 할 수 있다.
· **母** : 玄牝之門이다.

▍**吾不知其名** : 나는 그 적요(寂寥)한 것의 이름조차 모르지만

▍**字之曰道** : 그것의 字를 道라고 하고(曰)

▍**强爲之名曰大** : 억지로(强) 그것에(之) 이름(名)을 붙인다면(爲) 크다(大)고 한다.
道의 위대함을 표현한 것.

▌大曰逝 : 이 위대한 것은 널리 퍼져 나가다.
·逝 : 道가 작용하여 널리 퍼져나간다. 멀리 작용한다는 의미

▌逝曰遠 遠曰反 : 퍼져 나가 작용하니 멀리 가고, 멀리 가는 것은 다시 근원으로 복귀하다.
·反 : 되돌리다. 복귀, 회귀를 뜻한다.

▌域中 : 이 세상 가운데. 이 세계 가운데. 域은 세상, 경계

▌人法地 : 인간은 땅 위에 존재하여 땅의 도리를 본받는다.
·法 : 모범으로 삼다. 본받다.

▌地法天 : 인간이 존재하는 땅은 하늘의 법칙을 본받는다.

▌天法道 : 하늘은 하늘에 존재하게 하는 도의 법칙을 본받는다.

▌道法自然 : 道는 자연이므로 그 자연의 법칙을 본받는다.

있을 有, 만물 物, 섞일 混, 이룰 成, 고요할 寂, 어조사 兮, 텅 빌 寥, 홀로 獨, 설 立, 바뀔 改, 두루 周, 움직일 行, 그러나 而, 위태로울 殆, 옳을 可, 써 以, 될 爲, 하늘 天, 아래 下, 어미 母, 나 吾, 알 知, 그것 其, 이름 名, 글자 字, 이 之, 이치 道, 억지 强, 갈 逝, 멀 遠, 되돌릴 反, 그러므로 故, 큰 大, 땅 地, 임금 王, 또 亦, 세상 域, 가운데 中, 넉 四, 살 居, 한 一, 이에 焉, 사람 人, 본받을 法, 스스로 自, 그럴 然

《해설》

우주 만물의 어머니, 道의 기본적인 개념과 성격에 대한 설명이다. 道는 夷, 希, 微하고 합쳐서 하나가 되는(混而爲一, 14장) 것이다. 태초에 알 수 없는 그 무엇이 있었고 이것은 천지창조 이전부터 존재했는데 그 모습이 적(寂)이요, 요(窈)하다. 이것은 겉으로 나타나지 않은 무엇, 즉 잠재력이고 보이지도 않고 들리지도 않고 잡을 수도 없는 형이상학적인 존재였다. 독립하여 영구불변하고, 모든 우주 만물에 널리 작용하여 위태롭지 않고, 천하 만물이 거기서 생하니 가히 조물주라 할 수 있는데 이것이 바로 道라는 것인데 더없이 위대한 것이다. 그 道는 끝없이 작용하고 우주 만물의 어디에도 존재하며 결국 다시 근원으로 되돌아가는 것이다. 우주 안에 존재하는 道, 天, 地, 王은 위대한 것이다. 따라서 사람은 땅의 법칙을 본받고, 땅은 하늘의 법칙을 본받고, 하늘은 道의 법칙을 본받고, 道는 무위자연의 법칙을 본받아 천인합일의 경계에 이르러 우주 만물은 운행하는 것이다.

26장 무거움은 가벼움의 뿌리이며, 고요함은 조급함의 주인이다.

重爲輕根 : 무거움은 가벼움의 뿌리이고,
靜爲躁君 : 고요함은 조급함의 주인이다.

是以 聖人 終日行 : 따라서 성인은 온종일 행할지라도
不離輜重 : 무거움(重)과 고요함(靜, 輜重)을 떠나지 않는다.
雖有榮觀 : 비록 화려한 영화가 있을지라도
燕處超然 : 초연하게 벗어나 편안함에 머문다.

奈何 萬乘之主 : 어찌 만 승의 천자처럼
而以身輕天下 : 천하에 몸을 경솔하게 처신하겠는가?
輕則失本 : 천자가 경솔하면 근본을 잃고,
躁則失君 : 조급하면 주인의 자리를 잃는다.

▌重爲輕根 : 무거운 것(道)은 가벼운 것(우주 만물)의 근본이고.
· 重 : 무겁다. 道를 의미함.
· 輕 : 우주 만물.

▌靜爲躁君 : 고요함은 조급함의 군주가 된다.
  정숙한 처신을 해야 주군의 지위를 유지한다는 뜻
☞ 重靜은 道를 有道者의 자세요, 輕躁는 無道者의 자세다.

道 德 經/上篇 · 91

■ ^{종일행} ^{불리치중}
終日行 不離輜重 : 하루 종일 다닐지라도 重靜(짐수레, 책무)을 떠나지 않는다.

· ^{불리}
不離 : 임무를 떠나지 않는다.

▶ ^행行자는 〈다니다〉, 〈가다〉, 〈돌다〉라는 뜻을 가진 글자이다. 行자는 네 방향으로 갈라진 사거리를 그린 것이다. 行자가 부수로 쓰일 때는〈길〉, 〈도로〉, 〈가다〉라는 뜻이 된다. 참고로 行자가 〈항렬〉, 〈줄〉이라는 뜻일 때는 〈항〉으로 발음을 구분한다.

· ^{치중}
輜重 : 물건을 실은 무거운 짐수레. 責務

■ ^{수유영관 연처초연}
雖有榮觀 燕處超然 : 비록 영화를 누릴지라도 편안하여 어떤 것에도 마음 쓰지 않음.

· ^{연처}
燕處 : 편안하게 거처함.

· ^{초연}
超然 : 마음 쓰지 않다. 신경 쓰지 않다.

■ ^{내하 만승지주}
奈何 萬乘之主 : 어찌하여 나라를 다스리는 천자로서.

· ^{만승}
萬乘 : 천자를 의미한다. 乘은 4두 마차.

■ ^{이이신경천하}
而以身輕天下 : 천하에서 경솔하게 함부로 처신할 수 있겠는가.

■ ^{경즉실본}
輕則失本 : 경솔하게 처신하면 근본을 잃고, 本은 根을 의미한다.

■ ^{중위경근}
重爲輕根 : 무거움은 가벼움의 뿌리이고,

■ ^{조즉실군}
躁則失君 : 조급하게 처신하면 주군의 지위를 잃는다.

^정靜은 〈물건이 움직이지 않고 조용함, 편안함〉이다.

무거울 重, 될 爲, 가벼울 輕, 뿌리 根, 고요할 靜, 조급할 躁, 주권자 君, 이 是, 써 以, 성인 聖, 끝 終, 날 日, 다닐 行, 떠날 離, 짐수레 輜, 비록 雖, 영화 榮, 살필 觀, 편안 燕, 머물 處, 넘을 超, 그럴 然, 어찌 奈, 어찌 何, 일만 萬, 탈 乘, 주인 主, 몸 身, 하늘 天, 곧 則, 잃을 失, 근본 本, 임금 君.

해설

군주의 처세와 교훈의 장으로 무위자연의 道를 체득한 자의 처세는 輕躁하지 말고 重靜을 강조한다. 重靜은 道를 아는 자의 처세요, 輕躁는 道를 따르지 않은 자이니 경거망동하면 임금의 지위도 흔들리고 우주 만물의 근본조차 잃게 되니 항상 重靜하여 輜重을 떠나지 말고 냉철한 이성을 가져야 한다는 말씀이다.

27장 善人은 惡人의 스승이요, 惡人은 善人의 바탕이다.

善行 無轍迹 : 길을 잘 가는 것은 흔적이 없고
善言 無瑕讁 : 훌륭한 말은 흠이 없고
善數 不用籌策 : 셈을 잘하는 자는 주책이 필요 없고
善閉 無關鍵而不可開 : 잘 닫는 것은 빗장이 없어도 열지 못하고
善結 無繩約而不可解 : 잘 묶은 매듭은 끈이 없어도 풀 수 없다.

是以 聖人 : 그런 까닭에 성인은
常善求人 : 항상 사람을 잘 구하므로,
故無棄人 : 사람을 버리지 않고
常善救物 故 無棄物 : 항상 만물을 잘 구하므로, 버릴 것이 없으니
是謂襲明 : 이를 일러 밝은 지혜(襲明)라고 한다.

故 善人者 不善人之師 : 그러므로 선인은 악인의 스승이요
不善人者 善人之資 : 악인은 선인의 바탕(쓰임)이 된다.
不貴其師 : 스승을 소중히 여기지 않고
不愛其資 : 바탕을 아끼지 않으면
雖智 大迷 : 비록 지혜가 있다고 할지라도 크게 미혹될 것이니
是謂要妙 : 이것을 요긴한 진리라고 한다.

주

▎善行 無轍迹 善言 無瑕讁 : 길을 잘 가는 자는 흔적이 없고, 훌륭한 말은 결점이 없다.

┃<ruby>善數不用籌策<rt>선 수 불 용 주 책</rt></ruby> : 무위자연의 道가 헤아려 셈을 잘하는 자는 산가지가 필요 없다.
·<ruby>籌策<rt>주 책</rt></ruby> : 옛날 계산기, 산가지 ·籌는 세다, 꾀策

┃<ruby>善閉<rt>선 폐</rt></ruby> <ruby>無關鍵而不可開<rt>무 관 건 이 불 가 개</rt></ruby> : 무위자연의 道로 닫으면 자물쇠를 걸지 않아도 열리지 않는다.
·<ruby>善閉<rt>선 폐</rt></ruby> : 문을 잘 잠그는 것
·<ruby>關鍵<rt>관 건</rt></ruby> : 빗장, 자물쇠

┃<ruby>善結<rt>선 결</rt></ruby> <ruby>無繩約而不可解<rt>무 승 약 이 불 가 해</rt></ruby> : 무위자연의 道가 묶어 놓으면 밧줄을 쓰지 않아도 풀리지 않는다.
·<ruby>善結<rt>선 결</rt></ruby> : 밧줄로 잘 묶는 것
·<ruby>繩約<rt>승 약</rt></ruby> : 밧줄로 묶다.

┃<ruby>無棄人常善救物<rt>무 기 인 상 선 구 물</rt></ruby> : 사람을 버리지 않고, 항상 재물을 잘 활용하다.

┃<ruby>無棄物是謂襲明<rt>무 기 물 시 위 습 명</rt></ruby> : 물건을 버리지 않으니 이를 밝은 지혜라 이른다.

┃<ruby>襲<rt>습</rt></ruby>明 : 밝은 지혜를 체득한 경지로서. 그 체득으로 善行, 善言, 善數, 善閉, 善結할 수 있고 救人, 救物할 수 있다.

┃<ruby>雖智大迷<rt>수 지 대 미</rt></ruby> <ruby>是謂要妙<rt>시 위 요 묘</rt></ruby> : 비록 지혜가 있어도 당혹하게 되는데 이를 현묘한 진리라고 한다.
·<ruby>雖智大迷<rt>수 지 대 미</rt></ruby> : 지혜(善行, 善言, 善數, 善閉, 善結)가 있다 할지라도 미혹에 빠질 수 있다.

▶ <ruby>約<rt>약</rt></ruby>자는 糸(가는 실) + 勺(구기,국자모양)이 결합한 모습이다. 勺자는 국자를 그린 것이지만 여기에서는 〈작→약〉으로의 발음 역할을 한다. 約자는 실타래를 묶어 놓은 모습을 그린 糸자를 응용해 〈묶다〉라는 뜻이다. 사람 간의 약속도 실타래처럼 단단히 지켜져야 하기 때문에 約자는 〈묶다〉, 〈약속하다〉, 〈맺다〉라는 뜻이 되었다.

착할 善, 갈 行, 없을 無, 바퀴 자국 轍, 발자취 迹, 말씀 言, 티 瑕, 꾸지람 謫. 셀 數, 아니 不, 쓸 用, 셀 籌, 채찍 策, 닫을 閉, 잠글 關, 문빗장 鍵, 열 開, 맺을 結, 줄 繩, 묶을 約, 풀 解, 이 是, 써 以, 성인 聖, 사람 人, 항상 常, 구할 救, 연고 故, 버릴 棄, 만물 物, 지혜 襲, 밝을 明, 스승 師, 재물 資, 귀할 貴, 사랑 愛, 비록 雖, 슬기 智, 큰 大, 미혹할 迷, 구할 要, 묘할 妙

《해설》

道를 터득한 자는 善行, 善言, 善數, 善閉, 善結한다. 무형의 무위자연의 道는 천지를 생성하고 만물을 다스려도 뭐 하나 흔적을 남기지 않고 자연을 운행할 때도, 자연의 언어를 표현할 때도, 셈할 때도, 문을 닫을 때도, 사물을 묶어 놓을 때도 그 임무를 충실히 그리고 완벽하게 흔적 없이 수행한다. 천지간의 사람이고 사물이고 타고난 자질과 능력, 그리고 특징이 있으니, 지혜로써 그것을 잘 활용한다면 버릴 것이 전혀 없다. 오직 쓰임새가 다르고 가치체계가 다를 뿐이다. 다만 그 활용할 방법을 찾아야 하는데, 이에 밝은 지혜(襲明)를 터득하라고 강조한다.

또한 스승이란 제자의 모범이지만 모든 것을 다 아는 사람이 아니고, 제자는 스승에게 있어서 지혜를 깨우치는 거울이 될 수 있으니, 배우고 모범이 되는 것을 서로 소중하게 여겨야 하는 것이니 제아무리 지혜가 많을지라도 큰 미혹에 봉착하는 경우가 있으니, 이것을 현묘한 진리(要妙)라고 한다.

28장 德은 언제나 유연하고 겸허하며 순박하다.

知其雄 守其雌 : 남성다움을 알고, 여성다움을 지키면,

爲天下谿 : 천하의 시내가 된다.

爲天下谿 常德不離 : 천하의 시내가 되면, 항상 德이 떠나지 않아,

復歸於嬰兒 : 갓난아이처럼 순수함으로 돌아간다.

知其白 守其黑 : 결백의 특성을 알고, 오욕을 지키면,

爲天下式 : 천하의 모범이 된다.

爲天下式 : 천하의 모범이 되면,

常德不忒 : 항상 德에 어긋나지 않아

復歸於無極 : 무극(道)으로 복귀한다.

知其榮 : 영화를 잘 알고

守其辱 : 오욕을 지킨다면,

爲天下谷 : 천하의 넉넉한 골짜기가 되니

爲天下谷 : 천하의 골짜기가 되면,

常德乃足 : 항상 德이 충만하여,

復歸於樸 : 소박함으로 복귀한다.

樸散則爲器 : 통나무로 그릇을 만들 듯

聖人用之 則爲官長 : 성인은 이를 활용하여 지도자로 삼는다.

故 大制不割 : 그러므로 위대한 제도(道)는 (樸으로 그릇을 만들 듯이 인위적으로) 나뉘지 않는다.

주

■ **知其雄守其雌** : 남성의 강함을 알고 여성의 유연성을 잘 지키다.

· **雄** : 남성적인 것의 상징.

· **雌** : 여성적인 것의 상징

■ **爲天下谿** : 겸허하고 수용적인 천하의 계곡이 된다.

■ **常德不離** : 영원한 덕은 떠나지 않고

■ **復歸於嬰兒** : 순진무구한 어린아이로 복귀한다.

· **嬰** : 갓난아이. 순진무구의 상징

■ **知其白 守其黑** : 밝고 명백함이 어떠한지를 알고 어두움을 지키면

· 白은 明白하고, 뚜렷하고 밝고 남성적이고 黑은 어렴풋하고, 잠재되고, 여성적이다. 상대되고 대립하는, 즉 자웅을 알아야 천하의 계곡이 되듯이 백흑을 알면 천하의 모범이 된다는 뜻이다.

■ **爲天下式** : 천하의 모범이 되다.

■ **常德不忒** : 德이 언제나 어긋나지 않는다.

■ **復歸於無極** : 다시 끝없는 도의 세계 무극으로 돌아간다.

■ **知其榮 守其辱** : 세속의 영화를 잘 알고, 욕을 참고 견디면, 영욕을 알면서도 만족하는 것

■ **爲天下谷** : 세상의 살기 편한 계곡이 된다.

■ **常德乃足** : 道를 따르면 常德이 풍족하여

■ 復歸於樸 : 다시 통나무와 같은 소박한 道로 복구한다.
· 樸 : 소박, 순수, 淡泊의 상징

■ 樸散則爲器 : 통나무를 다듬어서 그릇을 만들 듯이

■ 聖人用之則爲官長 : 성인이 백성을 잘 활용하여 지도자로 삼는다
· 官長 : 사람을 잘 활용하여 지도자로 삼다.

■ 大制不割 : 큰 다스림(무위)은 해를 끼치지 않는다.
· 大制 : 위대한 다스림, 무위 즉 樸散하지 않은 순수한 자연 그대로의 상태

▶ 式자는 弋(주살) + 工(장인)이 결합한 모습이다. 弋자는 동물을 잡기 위해 만든 말뚝을 그린 것이지만 여기에서는 〈익→식〉으로의 발음역할을 하고 있다. 式자에 쓰인 工자는 〈장인〉이라는 뜻이다. 장인들은 자신이 정한 기준에 따라 물건을 만든다. 그래서 式자는 장인의 규칙이라는 의미에서 〈법식〉, 〈제도〉, 〈의식〉이라는 뜻이 되었다.

알 知, 그 其, 수컷 雄, 지킬 守, 암컷 雌, 될 爲, 시내 谿, 항상 常, 큰 德, 떠날 離, 다시 復, 돌아올 歸, 갓난애 嬰, 아이 兒, 흰 白, 검을 黑, 법 式, 어긋날 忒, 없을 無, 다할 極, 영화 榮, 욕될 辱, 골짜기 谷, 이에 乃, 만족할 足, 본디대로 樸, 흩을 散, 그릇 器, 성인 聖, 사람 人, 쓸 用, 벼슬 官, 우두머리 長, 그러므로 故, 큰 大, 다스릴 制, 나눌 割

《해설》

상대되는 개념을 대비시켜 각각의 특성을 무위자연의 道로써 활용하면 순수함을 잃지 않는다는 논리를 앞세운다.
적극적이고 강하고 단단한 수컷의 특징(堅强)을 깊이 이해하고 유연하고 부드러운 암컷의 개성(柔靜下)을 잘 지킨다면 겸손하고 너그러운 세상(계곡)이 되어 무위의 덕을

지녀 어린아이처럼 무지.무욕의 상태로 돌아갈 것이다. 명확하고 뚜렷하며 밝고 환한 白의 세계가 있지만, 어렴풋하고 불확실한 黑의 세계를 지키면 그것이 세상의 본보기가 될 것이다. 그 본보기는 常德에 어긋나지 않아 끝없는 道의 세계로 복귀하여 모범이 된다. 영광과 오욕은 참고 견디면 편안하고 常德이 충만한 통나무와 같은 소박함에 복귀하게 된다. 자연의 통나무를 잘라서 세상의 필요한 그릇을 만들 듯이 만백성의 특성을 살려서 그 활용에 지혜를 발휘하여 관리자로 삼을 수 있을 것이다. 그러므로 진정 위대한 무위의 道인 大制(제도, 다스림)는 억지로 통나무 자르듯 할 필요가 없어(不割) 그 소박함을 그대로 간직할 수 있는 것이다.

29장 세상은 신비에 찬 그릇이다.

將欲取天下 : 천하를 취하려고 하는 자는
而爲之者 : 인위적으로 하면
吾見其不得已 : 나는 불가능하다고 본다.

天下 神器 : 천하는 신비한 그릇 같아서
不可爲也 : 억지로 하는 것은 불가능하다.
爲者 敗之 : 억지로 하면 실패하고,
執者 失之 : 억지로 붙잡으면 놓친다.

凡物 或行或隨 : 만물은 앞서기도 하고, 뒤서기도 하며
或歔或吹 : 숨을 들이쉬기도 하고, 내쉬는 것도 있다.
或强或羸 : 강하기도 하고, 약하기도 하며,
或挫或隳 : 좌절하기도 하고, 무너지기도 한다.

是以 聖人 去甚 去奢 去泰 :따라서 성인은 무리하지 않고, 사치와 교만하지 않는다.

▌將欲取天下而爲之者 :천하를 취하고자 한다면 억지로 행하는 자는

▌吾見其不得已 : 나는 불가능하다고 본다.

▌天下神器 不可爲也 : 천하는 자연의 도가 만든 신비한 그릇이라서 억지로는 그것을 쟁취할 수 없다.

・爲 : 무위가 아닌 인위, 작위, 억지.

▎爲者敗之 : 인위적으로 행하려는 자는 실패하고
・爲者 : 인위적으로 하는 자, 억지로 하는 행위.

▎執者失之 : 인위적으로 잡으려는 자는 잃는다.

▎凡物 或行或隨 : 만물은 때로는 앞서기도 하고 뒤서기도 한다.

▎或歔或吹 : 때로는 숨을 내쉬는 것도 있고 들여 쉬는 것도 있다.

▎或强或羸 : 강한 것도 있고 약한 것도 있다.

▎或挫或隳 : 좌절되기도 하고 무너지기도 하다
・隳 : 무너지다. 무너뜨리다.

▎是以聖人 去甚去奢去泰 : 그러므로 훌륭한 지도자는 심하지 않고, 사치를 멀리하고, 교만하지 않는다.

▶ 欲자는 〈~하고자 하다〉, 〈바라다〉라는 뜻을 가진 글자이다. 慾과 通字다. 흡을 나타내는 글자 谷(곡·욕)이 합하여 뜻을 나타내는 하품 흠(欠)부와 이루어졌다. 欠이 입을 벌린 사람의 모양이 글자 谷(곡·욕)모양이 된다. 慾이라 쓰고 보통 慾은 명사, 欲은 동사로 쓴다.

장차 將, 하고자 할 欲, 취할 取, 하늘 天, 아래 下, 말 이을 而, 할 爲, 갈 之, 나 吾, 볼 見, 그 其, 아니 不, 이미 已, 얻을 得, 신비할 神, 그릇 器, 실패할 敗, 잡을 執, 잃을 失, 때로 或, 만물 物, 앞설 行, 뒤따를 隨, 숨 내쉴 歔, 숨 들이마실 吹, 강할 强, 약할 羸, 꺾일 挫, 무너질 隳, 떠날 去, 극심할 甚, 사치할 奢, 클 泰

해설

뭘 하든지 無爲가 아닌 有爲로 해서는 안 된다. 천하의 소유권이 누구한테 있는가? 천하를 장악하려는 시도는 애초에 하지 않는 것이 좋지만 오직 무위자연의 道만이 천하를 소유할 수 있다. 그것은 道가 하는 일이라 인위적으로 강압적으로 할 수 있는 일이 절대 아니다. 강압적으로 한다면 반드시 망할 것이다. 천하는 존재 형태가 다양해서 앞서 나가는가 하면 뒤따라가기도 하고, 숨을 내쉬기도 하고 들이마시기도 하고, 강하기도 하지만 약한 자도 있으며, 어떤 일은 좌절되기도 하고 무너지기도 한다. 그러므로 천하는 자연이 만든 신비스러운 그릇이라 다루기 힘들고 억지로 하려다가 실패하게 마련이다. 따라서 성인은 과욕하지 않고, 무리하지 않고, 사치하지 않으며 교만하지 않으니 그런 성인만이 천하를 다스릴 수 있음을 주장한다.

30장 만물은 융성하면 곧 쇠퇴하는 법이다.

以道佐人主者 : 道로써 군주를 보좌하려는 자는
不以兵强天下 : 무력으로 천하를 강압해서는 안된다.
其事好還 : 그런 일은 마땅히 되돌아오기 마련이다.

師之所處 荊棘生焉 : 군대가 머문 곳에는 가시덤불이 무성하고
大軍之後 必有凶年 : 대군이 일어난 뒤에는 반드시 흉년이 든다.

故 善者 果而已 : 훌륭한 지도자는 저절로 성과를 이룰 뿐이고
不敢以取强 : 결코 억지로 취하지 않고
果而勿矜 : 성과를 이루되 자랑하지 않고.
果而勿伐 : 성과를 이루되 과시하지 않고
果而勿驕 : 성과를 이루되 교만하지 않고
果而不得已 : 성과를 이루되 얻으려 하지 않고
果已勿强 : 성과를 이루되 억지가 없다.

物壯則老 : 만물은 융성하면 곧 쇠퇴하니
是謂不道 : 이를 〈道에 어긋난다〉고 하는 것이다.
不道早已 : 道에 어긋나면 오래가지 못한다.

▌以道佐人主者 : 무위자연의 道로써 주군을 보좌하려는 사람

■ 不以兵强天下 : 무력으로 천하를 강자가 되려 하지 않는다.

■ 其事好還 : 그런 일은 마땅히 되돌아오기 때문이다.

■ 師之所處 荊棘生焉 : 군사가 주둔했던 곳에 가시덤불이 무성하다.

■ 大軍之後 必有凶年 : 큰 전쟁을 치른 뒤에는 반드시 흉년이 든다.

■ 故 善者 果而已 : 훌륭한 지도자는 성과를 달성할 뿐이다.
· 果 : 成, 功. 성과를 이루다.

■ 不敢以取强 : 강제로 취하려고 하지 않을 뿐이다.

■ 果而勿矜 果而勿伐 果而勿驕 : 성과를 이뤘지만 뽐내지 않고, 성과를 이뤘지만 자랑하지 않고, 성과를 이뤘지만 교만하지 않다.
· 矜 : 자랑하는 것.
· 伐 : 자기 공을 내세우는 것.

■ 果而不得已 : 성과를 이뤘으되 얻으려고 하지 않다.

■ 果已勿强 : 이뤘으되 힘으로 누르지 말라.

■ 物壯則老 : 만물은 융성하면 곧 쇠퇴하는 법이다.

■ 是謂不道 : 무위자연의 道에 어긋난 것이라고 한다.

■ 不道早已 : 부도는 오래가지 못하고 일찍 끝난다.
· 早已 : 빨리 끝난다. 희망이 없다.

▶ 老자는 〈늙다〉, 〈익숙하다〉라는 뜻을 가진 글자이다. 예로부터 오랜 경험을 가진 노인은 공경과 배움의 대상이었다. 그래서 노인을 그린 老자는 〈늙다〉, 〈쇠약하다〉, 〈공경하다〉, 〈익숙하다〉, 〈노련하다〉와 같은 뜻이 있다. 老자의 갑골문을 보면 머리가 헝클어진 노인이 지팡이를 짚고 있는 모습이 그려져 있었다.

써 以, 이치 道, 도울 佐, 주인 主, 놈 者, 아니 不, 무력 兵, 강할 强, 그 其, 일 事, 마땅히 好, 되갚을 還, 군사 師, 바 所, 살 處, 가시나무 荊, 가시 棘, 날 生, 이에 焉, 큰 大, 군사 軍, 뒤 後, 반듯 必, 있을 有, 흉할 凶, 해 年, 착할 善, 이룰 果, 감히 敢, 취할 取, 굳셀 强, 말 勿, 뽐낼 矜, 자랑할 伐, 교만할 驕, 만물 物, 씩씩할 壯, 이 是, 이를 謂, 이를 早, 그칠 已

《 해설 》

임금을 보좌하는 자가 수행할 정치의 道를 언급한 것으로 전쟁의 폐해를 피하고 선정을 펴려면 권력자의 도구인 전쟁을 일으켜 무력을 함부로 써서는 안 되고, 인위적이고 강압적으로 나라를 다스리지 말라. 이는 道에 어긋나기 때문이라고 비판한다. 또한, 무위자연의 道로써 일을 이뤄도 자랑하지 않고, 공을 내세우지 않으며, 교만하지 않는다면 자연스럽게 백성은 편안할 것이다. 모든 사물은 융성하면 쇠퇴하는 법이니 인위를 떠나 무위자연의 道를 행하도록 역설한다.

31장 모든 무기는 상서롭지 못한 도구이다.

夫佳兵者 不祥之器 : 무릇 훌륭한 무기는 상서롭지 못한 도구이니
物或惡之 : 모든 사람이 그것을 싫어한다.
故 有道者 不處 : 道를 가진 자는 거기에 몸담지 않는다.

是以 君子居則貴左 : 군자는 평상시 왼쪽을 귀히 여겨 머물고
用兵則貴右 : 전시에는 오른쪽을 귀히 여긴다.

兵者不祥之器 : 무기란 상서롭지 못한 도구이니
非君子之器 : 군자가 쓸 도구가 아니다.
不得已而用之 : 부득이 무기를 쓸 때는
恬淡爲上 : 담담한 마음으로 쓰는 것이 상책이다.

勝而不美 : 승리해도 찬미하지 말라.
而美之者 : 만일 이를 찬미한다면
是樂殺人 : 살인을 즐기는 꼴이 된다.

夫樂殺人者 : 무릇 살인을 즐기는 자는
則不可得志於天下矣 : 세상에서 뜻을 펼 수 없다.

吉事 尙左 : 경사에는 왼쪽을 숭상하고
凶事 尙右 : 흉사에는 오른쪽을 숭상한다.
偏將軍 居左 : 그래서 군대에서는 부장군은 왼쪽에 위치하고

上將軍 居右 : 지위가 높은 상장군은 오른쪽에 위치하니

言以喪禮處之 : 이것은 전시는 喪禮로 대처하기 때문이다.

殺人之衆 : 살인을 많이 했다면 마땅히

以哀悲泣之 : 비애로 임하고 슬퍼해야 한다.

戰勝 以喪禮處之 : 전승해도 喪禮로 대처해야 한다.

▌夫佳兵者 不祥之器 : 무릇 훌륭한 무기란 상서롭지 못한 도구이니

▌物或惡之 故 有道者 不處 : 세상 모두가 이를 싫어하니 유도자가 거처할 일이 아니다.

· 物或惡之 : 만물이 항상 이를 싫어한다.

· 物 : 만물, 만민, 항상

· 惡 : 싫어하다. 〈악〉이 아니라 〈오〉로 읽는다

▌故 有道者 不處 : 따라서 유도자는 그것(무기)을 사용하지 않는다.

· 不處 : 몸 담지 않다.

▌是以 君子居則貴左 用兵則貴右 : 군자가 도에 머무는 평상시엔 왼쪽을 귀하게 여기고, 전시에는 오른쪽을 귀하게 여긴다.

☞ 옛날에는 오른쪽보다 왼쪽을 신성시하는 경향이 있었다. 방위나 방향을 잡을 때는 남쪽을 향해서 서게 되는데 이때 왼쪽은 東方이 되어, 해가 잘 들고 밝아 생기가 솟는 生門方, 吉方으로 본다. 이때 오른쪽은 西方이 되는데, 동방에 비해 어두워 이를 死門方이라 하였다. 좌측 동방은 집을 지을 때도 동향을 선호하고, 집안 경사에도 좌측 동방을 우선시 한 반면, 우측 서방은 기우는 해, 어둠을 앞둔 喪禮나 喪事에 이용한다. 여기에서 말하는 좌우 개념도 左方은 吉方이나 慶事를 右方은 흉사나 애사를 의미하는데 전쟁이 어찌 어렵고 슬프지 않겠느냐. 따라서 이를 상례에 따라 처리해야 하므로 우방을 우선 하였다는 말이다.

▮兵者不祥之器 非君子之器 : 병기란 상서롭지 못한 도구라서 군자가 쓸 것이 못 된다.

▮不得已而用之 : 어쩔 수 없이 군대를 사용할 때는

▮恬淡爲上 : 道에 따라 편안하고 순수한 마음이 최상이다.

▮勝而不美 而美之者 是樂殺人 : 전쟁에서 승리해도 찬미하지 말라, 만약 찬미한다면 살인을 즐기는 꼴이 된다.
·勝而不美 : 전쟁에 승리해도 찬미하지 않다. 자랑으로 여기지 않다.

▮夫樂殺人者, 則不可得志於天下矣 : 무릇 살인을 즐기는 자는 천하에서 자신의 뜻을 성취할 수 없을 것이다.
☞ 矣는 추측 또는 미래를 나타내거나, 약한 단정을 나타내는 종결사이므로 〈~일 것이다〉로 해석한다.

·得志 : 성취하다. 뜻을 이루다.

▮吉事 尙左 凶事 尙右 : 길사인 冠婚禮는 左를, 凶事인 喪禮는 右를 숭상하다.

▮偏將軍居左 上將軍居右 : 편장군을 좌측에, 지위가 높은 상장군은 우측에 자리한다.
☞ 평상시에는 좌를 우측보다 숭상하고 전시에는 우측을 좌측보다 숭상한다. 그러므로 지위가 높은 상장군은 좌측, 상장군을 보좌하는 편장군은 우측에 자리한다.

▮言以喪禮處之 : 상례에 따라 그렇게 대처하는 것이다.

▮以哀悲泣之 : 슬픈 마음으로 전쟁에 임하다. ·泣은 臨과 같은 뜻.

▶ 惡ᵃᵏ자는 〈미워하다〉, 〈악하다〉, 〈나쁘다〉라는 뜻을 가진 글자이다.

惡자는 〈나쁘다〉라고 할 때는 〈악〉이라고 하지만 〈미워하다〉라고 말할 때는 〈오〉라고 발음을 한다. 뜻을 나타내는 마음심「心(=忄, 㣺) 마음, 심장」部와 음을 나타내는 글자 亞(아→악)이 합하여 이루어졌는데 亞(아→악)은 집의 토대나 무덤을 위에서 본 모양이었다. 나중에 곱사등이의 모양으로 잘 못보아 보기 흉하다→나쁘다의 뜻으로 썼다.

좋을 佳ᵍᵃ, 상서로울 祥ˢᵃⁿᵍ, 군사 兵ᵇʸᵉᵒⁿᵍ, 놈 者ʲᵃ, 아니 不ᵇᵘˡ, 기물 器ᵏⁱ, 만물 物ᵐᵘˡ, 혹 或ʰᵒᵏ, 싫어할 惡ᵒ, 그러므로 故ᵍᵒ, 있을 有ʸᵘ, 이치 道ᵈᵒ, 머물 處ᶜʰᵉᵒ, 임금 君ᵍᵘⁿ, 아들 子ʲᵃ, 살 居ᵍᵉᵒ, 곧 則ᶻᵘᵏ, 귀할 貴ᵍʷⁱ, 왼 左ʲʷᵃ, 쓸 用ʸᵒⁿᵍ, 오른 右ᵘ, 상서 祥ˢᵃⁿᵍ, 아닐 非ᵇⁱ, 편안할 恬ⁿʸᵉᵒᵐ, 담박할 淡ᵈᵃᵐ, 윗 上ˢᵃⁿᵍ, 이길 勝ˢᵉᵘⁿᵍ, 좋아할 美ᵐⁱ, 이 是ˢⁱ, 즐거울 樂ⁿᵃᵏ, 뜻 志ʲⁱ, 하늘 天ᶜʰᵉᵒⁿ, 아래 下ʰᵃ, 어조사 矣ᵘⁱ, 길할 吉ᵍⁱˡ, 일 事ˢᵃ, 높일 尙ˢᵃⁿᵍ, 흉할 凶ʰʸᵘⁿᵍ, 절반 偏ᵖʸᵉᵒⁿ, 장수 將ʲᵃⁿᵍ, 군사 軍ᵍᵘⁿ, 죽을 喪ˢᵃⁿᵍ, 예도 禮ʸᵉ, 맞이할 處ᶜʰᵉᵒ, 슬플 哀ᵃᵉ, 슬플 悲ᵇⁱ, 싸울 戰ʲᵉᵒⁿ, 울 泣ᵉᵘᵖ

《해설》

反戰사상을 고취하는 장으로 인류는 숱한 전쟁을 해왔지만, 그 전쟁의 대부분은 위정자들의 탐욕과 권력을 위해 죄 없는 백성들이 죽어 간 치욕적인 역사였다. 천하 만물과 백성을 위한다는 상서롭지 못한 전쟁과 무기는 유도자나 성인이 추구할 것이 아니며 부득이 전쟁할 때는 인류애적인 편안함과 순수한 마음으로 전쟁에 임해야 한다. 패전국의 전몰 유가족이나 포로 등의 불상사는 상례에 따라 처리하고 애도한다면 자국민들뿐만 아니라 패전국의 민심도 호응을 얻어 우호국이 될 수도 있다.

32장 道는 다듬지 않은 통나무같이 소박하다.

道常無名 : 道는 언제나 뭐라 이름이 없으니
樸雖小 : 박처럼 비록 보잘 것 없지만,
天下莫能臣也 : 천하의 누구도 道를 신하로 삼을 수 없으니
候王若能守之 : 군왕이 道를 지킬 수 있다면
萬物將自賓 : 세상 만물은 저절로 조화를 이룰 것이다.

天地相合 以降甘露 : 천지가 상합하여 감로를 내리고
民莫之令 而自均 : 백성들은 명령 없이도 저절로 균등하게 된다.

始制有名 : 통나무로 그릇을 만듦에 비로소 이름이 생기고
名亦旣有 : 이름이 이미 있는 것들은
夫亦將知止 : 머무를 바를 알게 되고
知止 可以不殆 : 머물 줄 알면 위태롭지 않다.

譬道之在天下 : 천하에 道가 존재하는 것을 비유하면
猶川谷之於江海 : 계곡물이 강과 바다로 흘러가는 것과 같다.

주

▌道常無名 : 영원한 道는 이름 붙일 수 없고,
· 常 : 영구불변의 본체, 근본. 언제나
· 無名 : 참된 道에 뭐라고 이름붙일 수 없다.

▎樸雖小 : 원목의 등걸처럼 소박하고 비록 작더라도.
· 樸은 통나무, 무위자연의 道, 지극히 소박한 것을 표현한 것이며 이 樸은 산에서 막 베어온 통나무로 순수, 소박한 道를 뜻한다.

☞ 雖 : 〈비록 ~이라도(하더라도)〉로 해석되는 양보절 부사이다.

▎天下莫能臣也 : 천하의 무엇도 道를 마음대로 부릴 수 없다.
· 臣 : 신하로 삼아 부리다.

▎侯王若能守之 : 만약 군주가 이 道의 소박함을 지킨다면

▎萬物將自賓 : 모든 것이 스스로 그를 따르게 될 것이다.
· 賓 : 從, 따르다.

▎天地相合 以降甘露 : 천지가 서로 화합하여 감로가 내리다.

▎民莫之令而自均 : 백성은 명령하지 않아도 저절로 다스려지다.
· 均 : 무위 정치로 잘 다스려져 조화를 이룬 것

▎始制有名 : 통나무로 여러 그릇을 만들게 되면 그 그릇의 이름이 비로소 생기듯이, 무위의 道가 천지 만물의 현상세계로 나타나면
· 制 : 樸을 쪼개서 여러 가지 그릇을 만들다.

▎名亦既有 : 이미 道의 작용으로 일단 사물로써 이름을 가지면,

▎夫亦將知止 : 무릇 머무를 바를 알다.

▎知止 可以不殆 : 분수를(멈출 줄) 알면 위태로울 것이 없다.

■ 譬道之在天下 : 천하에 道가 존재하는 것을 비유하자면.

■ 猶川谷之於江海 : 계곡의 물이 강해로 흘러가는 것과 같다.
· 之 : (흘러)가다.

이치 道, 항상 常, 없을 無, 이름 名, 본디대로 樸, 비록 雖, 작을 小, 없을 莫, 능할 能, 신하 臣, 어조사 也, 임금 侯, 임금 王, 만약 若, 지킬 守, 일만 萬, 만물 物, 장차 將, 스스로 自, 손 賓, 땅 地, 서로 相, 합할 合, 써 以, 내릴 降, 달 甘, 이슬 露, 백성 民, 영 令, 고를 均, 비로소 始, 만들 制, 있을 有, 또 亦, 이미 旣, 알 知, 머물 止, 위태로울 殆, 비유할 譬, 같을 猶, 갈 之, 내 川, 골 谷, 어조사 於, 강 江, 바다 海

《해설》

道의 본질은 이름 붙일 수도 없고(제1장) 하찮은 樸처럼 소박하고 순수하다. 무명이란 도대체 무엇인지 알 수 없고, 보이지도, 들리지도, 잡히지도 않음이다(夷, 希, 微). 常은 불변이요, 不壞이며 不滅이니 이것이 바로 절대 아닌가. 그러니 道는 무명이요, 常이며 樸이고 無爲이며 自然이다. 그 道가 마치 樸을 인위적으로 散制하면 無名이었던 속성이 有名이라는 인위와 욕심, 그리고 판별의 세계가 나타나게 된다. 그 만물이 각각의 분수를 잘 지킨다면 조금도 위태로울 것이 없을 것인데 그 인위가 화를 부를 수 있다.

따라서 유명은 인위요, 작위이며 문명이요, 문화다. 억지요, 꾸밈이며, 위선이고, 부자연이다. 군주가 이 道를 지킨다면 강과 골짜기의 물이 바다로 흘러들 듯 귀복하여 나라와 백성은 감복하여 저절로 잘 다스려지고, 따를 것이고, 천지 또한 道와 相合하여 태평 성대할 것이니 자연의 道에 머물 것을 강조한다.

33장 자신을 이기는 사람이 가장 강하다.

知人者智 : 남을 아는 자는 지혜롭고
自知者明 : 자신을 아는 자는 현명하다.

勝人者有力 : 남을 이기는 사람은 힘이 있고,
自勝者强 : 자신을 이기는 사람은 강하다.

知足者富 : 족할 줄 아는 자는 부유하고
强行者有志 : 힘써 행하면 뜻이 있다.
不失其所者 久 : 제자리(道)를 잃지 않는 자는 오래가고
死而不亡者 壽 : 죽어서도 도를 잃지 않으면 장수한다.

주

▮知人者 智 : 남을 아는 자는 지혜롭다.
 ・知人 : 남을 아는 자

▮自知者 明 : 자기 자신의 장단점을 아는 자는 현명하다.
 ・自知 : 자기 자신을 아는 자

▮勝人者 有力 : 남을 이기는 자는 힘이 있고, 道로써 체득된 德이 아니라 힘으로 강압하여 남을 이기려 함이다.

▮自勝者 强 : 자신을 이기는 자는 (자신한테) 강한 사람이다.
道를 지키고 닦아, 무욕의 경지에 이르게 된 강한 사람이다.

- 自勝 : 자신을 이기는 자

■ 知足者 富 : 만족할 줄 아는 자는 부유하다.

■ 强行者 有志 : 도를 체득하고 自知, 自勝, 知足하면 뜻이 있다.

■ 不失其所者久 : 그 (其, 道)의 자리를 잃지 않는 者는 오래간다(久).

■ 死而不亡者 壽 : 무위자연의 道를 체득하면 죽어서도 그 근본이 없어지지 않아 영원토록 죽지 않는 사람이다.

알 知, 사람 人, 놈 者, 슬기 智, 스스로 自, 밝을 明, 이길 勝, 있을 有, 힘 力, 강할 强, 아니 不, 만족할 足, 부자 富, 행할 行, 뜻 志, 그 其, 잃을 失, 곳 所, 오래 久, 죽을 死, 죽을 亡, 목숨 壽

《해설》

道를 체득하고 실행하면 영구하다는 점을 강조한다. 남을 잘 이해하는 마음이 있는 자는 지혜로운 자이고, 자신의 장단점을 잘 알고(自知), 치열한 경쟁에서 남을 이기는 게 아니라 자신을 이기고(自勝), 탐욕과 물욕을 떠난 안분지족의 경지에 이른다면 현명하고 강한 사람이다. 그런 자는 죽어서도 죽은 게 아니며 영원히 잊히지 않는 위대한 인물이다.

34장  道는 천지를 생성하지만 스스로 위대하다고 하지 않는다.

大道 汎兮 : 大道는 넓고 넓어

其可左右 : 좌우로 자유자재로 움직일 수 있다.

萬物恃之 : 만물은 道에 의지하고

而生而不辭 : 만물을 생성하지만 말하지 않고

功成不名有 : 공을 이루어도 이름을 드러내지 않는다.

衣養萬物 而不爲主 : 만물을 입히고 기르지만, 주인 노릇 하지 않고

常無欲 可名於小 : 언제나 욕심이 없으니 작다고 할 수 있다.

萬物歸焉 : 모든 만물이 道에서 나서 道로 돌아가지만

而不爲主 : 주인 노릇을 하지 않으니

可名爲大 : 이름하여 위대하다고 할 수 있다.

以其終不自爲大 : 끝내 스스로 큰 것을 이루려 하지 않으니

故 能成其大 : 능히 위대한 것을 이룰 수 있다.

주

▎大道汎兮 : 위대한 道는 무한히 흘러넘쳐,

▎其可左右 : 공간적으로 좌우 어디에도 다 움직인다.

▎萬物恃之 : 만물은 위대한 道(之)에 의지하고(恃).

▌$\underset{이생이불사}{而生而不辭}$: 道는 만물을 生하지만 공치사하지 않다.

·$\underset{사}{辭}$: 말하다. 사양하다. 마다하다. 싫어하다.

▌$\underset{공성불명유}{功成不名有}$: 만물을 생성하는 공을 이뤘지만, 명예를 소유하거나 이름을 갖지 않다.

▌$\underset{의양만물}{衣養萬物}$: 우주 만물을 입히고 기르지만,

·$\underset{의양}{衣養}$: 옷을 입혀 기르다.

▌$\underset{이불위주}{而不爲主}$: 주인 행세를 하지 않는다.

▌$\underset{상무욕}{常無欲}$: 늘 욕심이 없으니

▌$\underset{가명어소}{可名於小}$: 작다고 이름할 수 있다. 작은 것에도 道는 내재 돼 있으니 작다고 이름할 수 있다.

▌$\underset{만물귀언}{萬物歸焉}$: 모든 것이 道의 품으로 돌아오지만

▌$\underset{이불위주}{而不爲主}$: 주인 행세를 하지 않으니

▌$\underset{가명위대}{可名爲大}$: 위대하다고 말할 수 있다.

▌$\underset{이기종부자위대}{以其終不自爲大}$: 끝내 위대하다고 하지 않는다.

▌$\underset{고능성기대}{故能成其大}$: 따라서 정말로 큰 것을 이룰 수 있다.

▶ $\underset{양}{養}$자는 〈기르다〉, 〈봉양하다〉라는 뜻을 가진 글자로 羊(양)+食(밥)이 결합한 모습이다. 養자는 마치 양에게 밥을 먹이는 모습과도 같다. 그러나 養자의 갑골문을 보면 羊자와 攵(칠)자만이 그려져 있다. 이것은 목축업을 하는 모습을 표현한 것이다. 그러나 후에 〈기르다〉, 〈번식시키다〉라는 뜻이 파생되자 攵자를 食자로 바꾸게 되면서 지금의 養자가 되었다.

큰 大, 이치 道, 뜰 氾, 어조사 兮, 그 其, 옳을 可, 왼 左, 오른 右, 일만 萬, 만물 物, 믿고 의지할 恃, 날 生, 주재할 辭, 공로 功, 이룰 成, 이름 名, 소유물 有, 옷 衣, 기를 養, 될 爲, 주인 主, 항상 常, 없을 無, 하고자 할 欲, 작을 小, 돌아갈 歸, 주인 主, 끝내 終, 연고 故, 능할 能

《해설》

道의 조화작용을 설명한다. 道는 만물의 좌우 어디에도 널리, 두루 존재하며 천지사방 가는 곳마다 흘러넘친다. 시공을 초월하여 있지 않은 곳이 없고 있지 않은 때가 없다. 만물은 道를 부여받아 비로소 기능하고 작용한다. 道는 이렇듯 만물을 기르고 자라게 하지만 말이 없고 지극히 소박하고 겸손하여 자랑하거나 소유하지 않고, 우주 만물 어디에나 존재하니 지극히 작으면서 위대하다. 만물은 道로 말미암아 생성소멸하지만 끝내 고향인 道로 돌아간다. 이는 시냇물이 모여 바다로 흘러 들어가는 것과 같다. 그러면서도 道는 주인 노릇을 하지 않으니 위대하다고 할 수 있다. 또한, 유도자인 훌륭한 지도자는 무욕하여 가진 것이 없지만 스스로 위대하다고 하지 않고 항상 낮은 곳에 머무니 더욱 높아지고 위대한 것이다.

35장 道는 담백하여 별 맛이 없다.

執大象 天下往 : 道를 붙잡고 천하 어디를 가도
往而不害 : 어디를 가나 해를 입지 않고,
安平大 : 항상 편안하고 평안함이 크다.

樂與餌 過客止 : 좋은 음악과 음식은 과객을 멈추게 하지만
道之出口 淡乎其無味 : 道에서 나오는 것은 심심하여 별맛이 없다.
視之不足見 : 道는 보려고 해도 볼 수 없고
聽之不足聞 : 들으려고 해도 들을 수 없지만
用之不足旣 : 그러나 이를 활용하면 다함이 없다.

▍執大象 天下往 : 위대한 모양 즉 道를 움켜쥐다.
 ·大象 : 위대한 모습 즉 道

▍往而不害 : 어느 곳에 가든지 해롭지 않다. 피해를 입지않다.

▍安平大 : 안락과 평온 그리고 태평하다.

▍樂與餌 過客止 : 매혹적인 음악과 감칠맛 나는 요리에 지나가던 나그네의 발걸음을 멈추게 한다.

▍道之出口 : 道에서 나오는 것. ·出口 : 道가 나오는 것

■ 淡乎其無味 : 담백하여 별맛이 없다.
· 淡乎 : 恬淡. 담담하고 무욕의 상태.

■ 視之不足見 聽之不足聞 : 道의 특성.

■ 用之不足旣 : 이것을 활용하면 다함이 없다는 뜻이다.
· 旣 : 盡, 極, 다 되다. 다 하다.

▶ 執자는 〈잡다〉, 〈가지다〉, 〈맡아 다스리다〉라는 뜻을 가진 글자이다. 執자는 幸(다행)+丸(알)자가 결합한 모습이다. 執자의 갑골문을 보면 죄수의 손에 수갑을 찬 모습으로 〈잡다〉라는 뜻을 표현했다.

가질 執, 모습 象, 갈 往, 해칠 害, 편안 安, 화평할 平, 편안할 太, 음악 樂, ~과 與, 먹이 餌, 지날 過, 손님 客, 머물 止, 날 出, 입 口, 담백할 淡, 볼 視, 볼 見, 들을 聽, 들을 聞, 다할 旣

《해설》

道로써 중무장하면 그 조화와 위력이 대단하여 어디를 가도 해를 입지 않으며, 몸도 안락하고 태평할 것이다. 세속적인 오감, 즉 감미로운 음악은 즐겁고 위안을 주지만 부질없는 소음에 불과하며, 음식이 사람을 건강하게 하지만, 지나친 산해진미는 사람들을 유혹하지만, 道의 맛은 담백하여 맛도 없고(恬淡), 볼 수도 없고(夷), 들을 수도 없고(希), 잡을 수도 없지만(微), 그 작용은 무궁무진하다.

老子의 세계는 일시적이고, 감각적이고 말초적인 것이 아닌 영원하고 본질적인 것을 추구한다. 과도한 것, 사치하는 것, 진실이 아닌 속이는 것, 겉만 그럴싸한 것을 버리고, 있는 그대로의 무위의 삶만이 평안하고 태평스러운 삶을 살아가는 무위자연 속의 비법을 강조한다.

36장 부드럽고 약한 것이 단단하고 강한 것을 이긴다.

將欲翕之 必固張之 : 사물을 움츠리고자 하려면 먼저 펴주고
將欲弱之 必固强之 : 약하게 하려면 먼저 강하게 하고
將欲廢之 必固興之 : 없애려면 먼저 북돋아 주고
將欲奪之 必固與之 : 빼앗고자 하면 먼저 주어야 한다.
是謂微明 : 이를 일러 道의 미묘한 지혜라고 한다.

柔弱勝剛强 : 그래서 부드럽고 약한 것이 굳세고 강한 것을 이긴다.
魚不可脫於淵 : 물고기는 연못을 벗어날 수 없고
國之利器 不可以示人 : 나라의 利器는 백성들에게 보이지 말라.

주

▌將欲翕之 : 장차(將) 이를(之) 움츠리고자(翕) 하면(欲)

▌必固張之 : 반드시(必) 먼저(固) 이를(之) 펴주고(張).

▌將欲弱之 : 장차(將) 이를(之) 약화시키고자(弱) 하면(欲)

▌必固强之 : 반드시(必) 먼저(固) 이를(之) 강하게(强) 하고

▌將欲廢之 : 장차(將) 이를(之) 폐지(廢)하려면(欲)

▌必固興之 : 반드시(必) 먼저(固) 이를(之) 일으키고(興)

■ ^{장욕탈지}將欲奪之 : 장차(將) 이를(之) 빼앗고자(奪) 하려면(欲)

■ ^{필고여지}必固與之 : 반드시(必) 먼저(固) 이를(之) 주어야(與) 하고

■ ^{시위미명}是謂微明 : 미묘한 微明이라고 이른다.
즉 翕張, 弱强, 廢興, 奪與와 같은 것을 일러 微明이라고 한다.

■ ^{유약승강강}柔弱勝剛强 : 부드럽고 약한 것이 굳세고 힘 있는 것을 이긴다.

■ ^{어불가탈어연}魚不可脫於淵 : 물고기는 물에서 있을 때는 안전하고 편안하지만, 물 밖으로 나오면 위험하다. 이와 같이 인간도 道의 연못에서는 안전하고 편안하고 태평하지만 벗어나면 위험하다는 뜻이다.
· 魚 : 물고기. 여기에서는 인간들을 의미
· 淵 : 연못, 道의 세계에 비유

■ ^{국지이기}國之利器 : 나라를 다스리는 이기, 즉 제도나 법령, 지혜나 비책.

☞ 老子의 통치이념 : 나라를 다스리는 데는 제도나 법령을 이로운 도구로 여기지 말고 無爲之治로 하라는 것이다.

■ ^{불가이시인}不可以示人 : 백성들에게 함부로 보이지 말라.

▶ 淵자는 뜻을 나타내는 삼수변[氵(=水, 氺) 물]部와 음을 나타내는 동시에 깊은 못에서 물이 돌고 있는 모양을 본뜬 글자 肅(연)이 합하여 이루어졌다.

장차 將, 하고자 할 欲, 줄일 歙, 이 之, 반 듯 必, 먼저 固, 약할 弱, 굳셀 剛, 폐할 廢, 일어날 興, 빼앗을 奪, 줄 與, 이 是, 이를 謂, 작을 微, 밝을 明, 부드러울 柔, 이길 勝, 물고기 魚, 아니 不, 옳을 可, 어조사 於, 벗어 날 脫, 못 淵, 나라 國, 이로울 利, 그릇 器, 써 以, 보일 示, 사람 人

《해설》

우주 만물의 상대성 즉 작용과 반작용의 변화, 그리고 순환의 이치를 설명하고 있다. 翕張, 弱强, 廢興, 奪與는 상반된 작용이다. 인간을 포함한 천지 만물은 多少, 寒熱, 長短, 高低, 靜躁, 衰盛, 前後, 進退, 緊張과 弛緩, 强弱, 賢愚, 大小 등의 현상을 경험한다. 우주 만물은 성장만 할 수 없고, 쇠약만 할 수도 없고, 긴장만이 지속될 수도 없고 이완만 계속될 수 없다. 이런 작용과 현상을 통하여 우주 만물은 영원하고 변화를 추구하여 생장 소멸을 끊임없이 계속한다. 이런 자연의 道를 먼저 깨닫는 것, 微明을 터득하여 활용해야 한다. 또한, 물처럼 유약함이 강함을 이기고, 물고기는 물을 벗어나 살 수 없다. 이것은 물고기는 물에서 있을 때는 가장 안전하고 물 밖으로 나오면 위험하다. 물고기와 물의 예를 든 것은 사람이 道의 품 안에 있을 때 가장 평안하고 안전하다는 것을 강조하기 위함이다.

37장 道는 항상 함이 없지만 하지 않음이 없다.

道常無爲而 無不爲 : 道는 항상 무위지만 하지 못하는 게 없다.
候王 若能守之 : 후왕도 이런 이치를 지키면
萬物 將自化 : 만물은 스스로 변화할 것이다.

化而欲作 : 변화하려는 야욕이 일어나면
吾將鎭之 以無名之樸 : 무명의 樸으로 이를 다스릴 것이다.
無名之樸 夫亦將不欲 : 무명의 樸으로 무욕의 경지가 될 것이고
不欲以靜 天下將自定 : 욕심이 없어져 고요해지면 세상은 스스로 안정될 것이다.

주

▮道常無爲 : 위대한 道는 언제나 인위적으로 행하지 않는다.

▮而無不爲 : 하지 못하는 것이 없다.

▮萬物將自化 : 만물은 저절로 조화를 이룰 것이다.
 ·化 : 자연의 道의 변화무쌍함, 조화, 동화, 변화의 뜻

▮化而欲作 : (작위적인) 욕심이 생긴다면, 조화를 시작하고자 한다면

▮吾將鎭之 以無名之樸 : 내(吾, 老子)가 무명의 樸으로써(以) 그(之) 욕구를 鎭靜시킬 것이다(將)

☞ 老子는 樸을 순수, 소박, 자연 그대로의 의미로 사용한다.

┃^{무명지박}**無名之樸** : 통나무처럼 순수하고 소박한 자연의 道

┃^{부역장무욕}**夫亦將無欲** : 무욕의 상태가 되다.

·^박**樸** : 무명, 무욕이니 바로 무위의 道다.

┃^{불욕이정}**不欲以靜** : 욕심부리지 않고 고요하게 한다.

┃^{천하장자정}**天下將自定** : 세상이 저절로 안정되다.

이치 道, 항상 常, 없을 無, 할 爲, 그러나 而, 장차 將, 제후 候, 임금 王, 같을 若, 능할 能, 지킬 守, 그것 之, 일만 萬, 만물 物, 스스로 自, 될 化, 하고자 할 欲, 일어날 作, 나 吾, 누를 鎭, 이름 名, 생긴 대로 樸, 무릇 夫, 또 亦, 고요 靜, 하늘 天, 아래 下, 정할 定

《 해설 》

道란 무엇인가? 인위적, 작위적이지 않고 樸 같은 자연 그대로인 것이다. 억지로, 강제로 하지 않고 저절로 자연스럽게 이뤄지도록 놔두는 것이다. 천하의 지도자도 道를 제대로 지켜나간다면 사소한 것에서부터 엄청난 일까지 못 하는 일이 없고, 안 되는 일이 없다. 만일 만물이 작위적인 욕망을 일으킨다면 자연의 道인 樸으로 이런 욕망을 진정시킬 것이다. 이 樸이야말로 순수한 무욕의 상태로 돌아가 욕심을 부리지 않으면 세상은 고요해지고 저절로 안정을 되찾는다.

老子는 樸을 순수하고 소박하며 자연적인 것의 대명사로 사용한다. 樸의 사전적 의미는 〈통나무, 켜거나 쪼개지 않은 나무〉이지만. 여기서는 〈본디 대로, 생긴 그대인 것, 자연적인 것〉을 의미한다.

下篇/德經

38장 대장부는 人爲를 버리고 無爲를 취한다.

上德 不德 : 최상의 德은 억지로 德을 행하려 하지 않으니
是以 有德 : 참된 德이 있고
下德 不失德 : 최하의 德은 억지로 德을 행하려 하니
是以 無德 : 德이 없다.

上德 無爲而無以爲 : 최상의 德은 무위이며 작위가 없고
下德 爲之而有以爲 : 최하의 德은 유위이며 작위가 있다.
上仁 爲之而無以爲 : 최상의 仁은 유위이지만 작위가 없고
上義 爲之而有以爲 : 최상의 義는 유위이지만 작위가 있다.
上禮 爲之而莫之應 : 최상의 禮는 유위이지만 응하지 않으면
則攘臂而扔之 : 팔을 걷어붙이고 강제로 이끈다.

故 失道而後 德 : 그러므로 道를 잃은 후 德이 나타나고
失德而後 仁 : 德을 잃은 후 仁이 나타난다.
失仁而後 義 : 仁을 잃은 후 義가 나타나고
失義而後 禮 : 義를 잃은 후 禮를 강조한다.
夫禮者 忠信之薄 : 禮는 진실과 신뢰가 희박해진 것이니
而亂之首 : 분란의 시작이다.

前識者 道之華 : 앞을 내다보는 지식은 道의 화려함(僞善)인데
而愚之始 : 어리석음의 시작이다.

^{시 이 대 장 부}
是以 大丈夫 : 그런 까닭에 대장부는

^{처 기 후}
處其厚 : 겉치레가 아닌 실속(厚, 道)에 처하지

^{불 거 기 박}
不居其薄 : 천박하게 살지 않고

^{처 기 실}
處其實 : 열매(실속)에 머물지

^{불 거 기 화}
不居其華 : 꽃(華, 화려함)에 머물지 않는다.

^{고   거 피 취 차}
故 去彼取此 : 따라서 대장부는 薄과 華를 버리고 厚와 實을 택한다.

■ ^{상 덕 부 덕}
上德不德 : 상덕은 스스로 德이 있다고 의식하지 않고

· ^{상 덕}
上德 : 道를 제대로 체득한 자(無爲의 德)

■ ^{시 이 유 덕}
是以有德 : 그래서 참된 德이 있다.

■ ^{하 덕 부 실 덕}
下德不失德 : 하덕은 德이 있다고 스스로 의식하여 잃지 않으려고 한다. 여기의 하덕은 유교의 德을 말한다.

■ ^{시 이 무 덕}
是以無德 : 그렇기 때문에 德이 없다.

■ ^{상 덕 무 위 이 무 이 위}
上德無爲而無以爲 : 상덕은 작위가 없고, 억지가 없다.

· ^{무 위}
無爲 : 자연 그대로 두어 인위를 하지 않음

· ^{무 이 위}
無以爲 : 어떤 인위를 하지 않다. 어떤 작위를 하지 않다.

■ ^{하 덕 위 지 이 유 이 위}
下德爲之而有以爲 : 하덕은 억지로 행함이니 작위가 있다.

· ^{유 이 위}
有以爲 : 어떤 작위가 있다.

■ ^{상 인 위 지 이 무 이 위}
上仁爲之而無以爲 : 상인은 작위이며 작위가 없다.

· ^{상 인}
上仁 : 최상의 仁을 가진 자

■ 上義爲之而有以爲 : 상의는 작위이고 작위가 있다.
· 上義 : 최상의 정의를 가진 자

■ 上禮爲之而莫之應 : 상례는 작위이고 응하지 않으면
· 上禮 : 최상의 예의를 지키는 자

■ 則攘臂而扔之 : 팔을 휘둘러서라도(폭력으로라도) 예로 이끈다.
· 扔 : 끌어당기다.

■ 失道而後德 : 道가 사라진 후 德이 나타난다.

■ 失德而後仁 : 무위의 德이 사라진 후 인위적인 仁이 나타난다.

■ 失仁而後義 : 仁이 사라진 후 義가 나타난다.

■ 失義而後禮 : 義가 사라진 후 禮가 나타난다.

■ 夫禮者 忠信之薄 : 禮는 진실과 신뢰가 희박해진 것이다.
· 薄 : 희박하다. 등한히 하다. 소홀히 하다. 가볍다. 얇다.

■ 亂之首 : 문란이 시작되다.
· 首 : 始, 시초, 시작, 머리. 먼저, 앞

■ 前識者 : 사물의 예지력이나 미리 아는 능력, 앞날을 점치는 능력

■ 道之華 : 道의 화려한 겉보기. 허세.

■ 愚之始 : 어리석음의 시작.

■ 處其厚 不居其薄 : 중후해야지 천박하게 살지 말라.

■ 處其實 不居其華 : 진실하게 살아야지 화려한 겉치레에 살지 말라.

■ 去彼取此 : 인위(薄, 華)를 버리고 道(厚, 實)를 취한다.

☞ 無爲와 有爲, 不爲와 以爲의 차이
· 無爲는 행함이 없는 것으로써 老子철학의 핵심인 데 반하여 有爲는 인위, 작위, 의도적 행위를 말한다. 그러므로 以爲가 되고 不爲는 인위를 행하지 않음이지만 반드시 無爲는 아니다.

▶ 禮자는 뜻을 나타내는 示〔礻,신, 보이다〕部와 音을 나타내는 동시에 신에게 바치기 위해 그릇 위에 제사 음식을 가득 담은 모양의 뜻을 가진 豊(풍→례)자가 합하여 이루어진 글자로 제사를 풍성하게 차려 놓고 예의를 다하였다 하여 〈예도〉를 뜻함.

윗 上, 큰 德, 아니 不, 이 是, 써 以, 있을 有, 아래 下, 잃을 失, 없을 無,
할 爲, 접속사 而, 갈 之, 어질 仁, 옳을 義, 예도 禮, 없을 莫, 응할 應,
곧 則, 물리칠 攘, 팔 臂, 당길 扔, 그러므로 故, 이치 道, 뒤 後, 무릇 夫,
놈 者, 충성 忠, 믿을 信, 엷을 薄, 어지러울 亂, 머리 首, 앞 前, 알 識,
빛날 華, 어리석을 愚, 비로소 始, 큰 大, 어른 丈, 살 處, 그 其, 두터울
厚, 살 居, 열매 實, 갈 去, 저 彼, 취할 取, 이것 此

《해설》

道라는 것은 자연 그대로(무위)를 의미하지만, 德이란 得道의 경지, 또는 道를 체득한 경지를 말한다. 최상의 덕은 덕을 억지로 행하지 않아서 덕이 있는 것이다. 이미 道를 得道, 體得, 體化했기 때문이다. 저급한 德은 자기의 德에 집착하여 억지로 행하기 때문에 德이 없는 것이다. 최상의 德은 작위가 없는 무위이다. 저급한 德은 유위이며 따라서 거기에는 作爲가 있다. 최상의 仁은 유위지만 작위가 없다. 최상의 義는 유위지만 작위가 있다. 최상의 禮는 유위지만 작위인데 그 예에 상대가 응하지 않으면 팔을

걷어 붙이고 강요한다. 의도된 예는 항시 상대적이기 때문이다. 그런데 무위자연의 道가 쇠퇴하면 무위자연의 덕이 나타나고, 무위자연의 덕이 쇠퇴하면 인위적인 仁의 도덕이 주장되고, 인위적인 仁의 도덕이 쇠퇴하면 義의 도덕이 강조되고, 義의 도덕이 쇠퇴하면 禮의 도덕을 주장한다. 결국, 禮라는 것도 인간의 진실과 믿음이 희박해진 것이며 따라서 세상을 혼란케 하는 시초다. 사물을 豫知하는 어쭙잖은 지식이라는 것도 사실은 道의 실없는 外華요, 사람을 어리석게 만드는 분란의 시작이다. 따라서 대장부는 중후에 처하지, 천박한 편에 처하지 않으며 진실에 처하지, 형식적인 외화에 살지 않는다. 그리하여 예지를 버리고 德을 취하는 것이다.

이 장은 道, 德에 접근하는 방식과 견해의 차이를 언급한다. 孔子가 주장하는 배우고 닦아서 만들어진 道는 인의예지라는 의도된 道를 체득한 君子의 德인데 이는 유위이며 작위이니 겉만 화려한 것인데 반하여, 老子가 주장하는 道는 인간이 의도적으로 만든 道가 아닌 〈자연 그대로의 무위로써 道〉의 이치, 몸에 익힌 체득, 체화된 무위가 되는 경지를 德이라고 강조한다. 따라서 道를 제대로 체득한다면 무엇이든지 이루지 못하는 것이 없고, 만일에 道로 우주만물을 다스리면 저절로 德에 동화될 그것이라고 주장한다.

39장  찬란한 옥처럼 되려 하지 말고 보잘것없는 돌처럼 되어라.

_{석 지 득 일 자}
昔之得一者 : 옛날의 하나(道)를 얻었으니

_{천 득 일 이 청}
天得一以淸 : 하늘은 그 하나(道)를 얻어서 맑고

_{지 득 일 이 영}
地得一以寧 : 땅은 그 하나(道)를 얻어서 편안하고

_{신 득 일 이 령}
神得一以靈 : 신은 그 하나(道)를 얻어서 신령스럽고

_{곡 득 일 이 영}
谷得一以盈 : 계곡은 그 하나(道)를 얻어서 가득 채웠고

_{만 물 득 일 이 생}
萬物得一以生 : 우주 만물은 그 하나(道)를 얻어서 생겼다.

_{후 왕 득 일 이 위 천 하 정}
候王得一以 爲天下貞 : 후왕은 그 하나(道)를 얻어 천하를 다스렸다

_{기 치 지 일 야}
其致之一也 : 이렇게 모두를 이룬 것은 바로 하나(道)다.

_{천 무 이 청 장 공 렬}
天無以淸 將恐裂 : 하늘이 맑지 않으면, 무너질 것이고

_{지 무 이 영 장 공 폐}
地無以寧 將恐廢 : 땅이 편안하지 않으면, 사라질 것이고

_{신 무 이 령 장 공 헐}
神無以靈 將恐歇 : 신은 신령이 없으면, 없어질 것이고

_{곡 무 이 영 장 공 갈}
谷無以盈 將恐竭 : 계곡이 가득 차지 않으면, 메마를 것이고

_{만 물 무 이 생 장 공 멸}
萬物無以生 將恐滅 : 만물이 생기지 않으면, 소멸될 것이고

_{후 왕 무 이 귀 고 장 공 궐}
候王無以貴高 將恐蹶 : 통치자가 고귀함이 없으면, 망할 것이다.

_{고 귀 이 천 위 본}
故 貴以賤爲本 : 그러므로 귀한 것은 천한 것을 근본으로 삼고,

_{고 이 하 위 기}
高以下爲基 : 높은 것은 낮은 것을 바탕으로 삼는다.

_{시 이 후 왕}
是以 候王 : 이 때문에 후왕은

_{자 위 고 과 불 곡}
自謂孤寡不穀 : 자신을 孤, 寡, 不穀으로 낮춰 부른다.

^{차 비 이 천 위 본 야}
此非以賤爲本耶 : 이는 바로 천한 것을 근본으로 삼는 것 아닌가?

^{비 호}
非乎 : 그렇지 않은가?

^{고 치 삭 예 무 예}
故致數譽無譽 : 고로 자주 명예를 탐하면 명예를 얻지 못하니

^{불 욕 록 록 여 옥}
不欲琭琭如玉 : 찬란한 옥같이 빛나고 귀하게 대접받으려 하지 말고

^{낙 락 여 석}
珞珞如石 : 볼품없는 돌처럼 되어라.

^{석 지 득 일 자}
▌**昔之得一者** : 태초에 하나의 道를 얻었다.

　^{득 일}
・**得一** : 道 하나를 체득하는 것.

　^일
・**一** : 道

▶ **得**자는 〈얻다〉, 〈손에 넣다〉라는 뜻을 가진 글자이다. 두 인변(彳 걷다, 자축거리다)部와 貝(화폐)와 寸(손)의 合字. 得은 돈이나 물품을 손에 넣어 갖고 있는 모습이다.

^{천 득 일 이 청}
▌**天得一以淸** : 하늘은 道를 체득하여 맑고,

^{지 득 일 이 영}
▌**地得一以寧** : 땅은 道를 체득하여 편안하다.

^{곡 득 일 이 영}
▌**谷得一以盈** : 계곡은 가득 채워진다.

^{위 천 하 정}
▌**爲天下貞** : 천하를 다스리는 것이 바르다. 바르게 다스리다.

　^{정　　정}
・**貞** : 正. 곧 바르다.

^{기 치 지 일 야}
▌**其致之一也** : 그것이 바로 一道에 이른 것이다.

^{장 공 폐}
▌**將恐廢** : 무너질까 두렵다.

　^장
・**將** : 장차, 막 ~을 하려 한다.

道德經/下篇・135

┃將恐歇 : 없어질까 두렵다.
・歇 : 없어지다. 쉬다(休)

┃將恐滅 : 없어질까 두렵다. ・滅 : 없어지다. 멸하다.

┃將恐竭 : 메마를까 두렵다. ・竭 : 涸, 물이 말라버리는 것.

┃將恐蹶 : 쓰러질까 두렵다. ・蹶 : 쓰러지다. 넘어지다.

┃無以貴高 : 고귀하게 여기지 않다.

┃候王自謂孤寡不穀 : 통치자는 스스로 〈외롭고, 德이 부족한 홀아비 같고, 종 같다〉고 하다.
・孤, 寡, 不穀 : 옛날 제후들이 자신을 겸손하게 부르는 말.(自謙, 自卑. 自下, 居下)
・孤 : 고루하다. 고아, 견문이 적음
・寡 : 寡德하다. 과부, 홀아비
・不穀 : 不善하다. 종, 노예, 穀은 善이다.

┃此非以賤爲本耶 非乎 : 이는 제후가 천함을 뿌리로 삼는 것이 아닌가, 그렇지 않은가?
・賤 : 백성.

┃致數譽無譽 : 자주 명예를 바라면 도리어 명예를 얻지 못하다.

┃琭琭如玉 : 옥처럼 찬란하고 귀한 보석.
・琭琭 : 찬란한 보석

┃珞珞如石 : 보잘것없는 돌 같다.
・珞珞 : 조약돌같이 하찮은 돌

옛 昔, 이 之, 얻을 得, 한 一, 것 者, 하늘 天, 써 以, 맑을 淸, 땅 地, 편안 寧, 신 神, 신령 靈, 골 谷, 찰 盈, 일만 萬, 만물 物, 날 生, 제후 候, 임금 王, 할 爲, 아래 下, 곧을 貞, 그 其, 이를 致, 어조사 也, 없을 無, 장차 將, 필 發, 두려울 恐, 무너질 廢, 마를 歇, 물이 말라버릴 竭, 없어질 滅, 넘어질 蹶, 그러므로 故, 귀할 貴, 천할 賤, 근본 本, 높을 高, 터 基, 이 是(是), 스스로 自, 외로울 孤, 적을 寡, 착할 穀, 이 此, 아닐 非, 어조사 乎, 자주 數, 기릴 譽, 하고자 할 欲, 같을 如, 빛날 琭, 조약돌 珞, 돌 石

《해설》

하나 즉 道를 체득한 자의 세상을 살아가는 태도와 자신을 낮추고 겸손한 처신, 謙下를 강조한다. 일찍이 道를 얻으면 하늘은 맑고, 땅은 편안하고, 신은 신령스러웠고, 계곡은 가득 찼으며, 만물은 생성되었고, 왕은 바른 정치를 하게 되었는데 만일 道를 잃으면 아마도 하늘은 파멸하고, 땅은 무너지고, 신은 신통력을 잃게 되고, 만물은 멸하고, 후왕도 넘어질 것이다. 따라서 귀함은 천함을 근본으로 삼고, 높은 것은 낮은 것을 바탕으로 삼으며, 그리하여 통치자는 스스로를 孤, 寡, 不穀이라 謙稱하는 것이니 이것이야말로 겸손하고, 천한 것으로 근본을 삼는 것 아니겠는가.
그러니 명예를 자주 원하면 도리어 명예가 없는 것이니 옥처럼 화려하기를 원하지 말고 보잘것없는 조약돌처럼 살라는 주장이다.
결국 성인은 道 하나를 받아 체득하여 무위 정치를 이룩하고 후왕은 언제나 겸하하여 명예를 버리고, 찬란한 옥처럼 살아가지 말고, 하찮은 돌처럼 살라고 주장한다.

40장  천하 만물은 有에서 비롯되고 有는 無에서 나온다.

反者 道之動 : 근원으로 복귀하는 것은 道의 움직임이고,
弱者 道之用 : 유약한 것은 道의 작용이다.

天下萬物 生於有 : 천하 만물은 有에서 생기고,
有 生於無 : 有는 형체가 없는 無에서 생긴다.

▌反者道之動 : 反(返)은 근원으로 복귀. 돌아온다.
· 動 : 활동, 운동.

▌弱者道之用 : 약한 것은 道의 작용(쓰임)이다.
· 弱 : 柔弱, 또는 여성(玄牝), 물에 비유

▌有生於無 : 유형의 물체는 보이지 않는 無로부터 생긴다.
· 無 : 형체 없는 道를 의미.

되돌릴 反, 것 者, 이치 道, 이 之, 움직일 動, 약할 弱, 쓸 用, 있을 有, 날 生, 이 之, 어조사 於, 없을 無

《해설》
만물의 有는 천지 음양의 기운에서 생성되었고 형태가 없는 도에서 생겼다. 따라서

형태 없는 道는 작용은 미약하지만, 無를 낳고, 그 無에서 有가 생기고, 有는 만물을 낳았으며, 그 有는 動이요, 生이다.
道는 천하 만물을 생성하니 이는 현빈의 유연함과 유약 그리고 수동성과 강인성으로 낳고 기르고, 끝내 이기는 위대한 모성(여성)의 속성을 설파한 것으로 老子의 역설을 본다.

41장 큰 그릇은 더디 이뤄진다.

^{상 사 문 도 근 이 행 지}
上士聞道 勤而行之 : 뛰어난 선비는 道를 들으면 힘써 행하고
^{중 사 문 도 약 존 약 망}
中士聞道 若存若亡 : 중간 선비는 道를 들으면, 반신반의하고.
^{하 사 문 도 대 소 지}
下士聞道 大笑之 : 하사는 道를 들으면, 크게 비웃는다.
^{불 소 부 족 이 위 도}
不笑 不足以爲道 : 하사는 웃지 않으면 도라고 할 수 없다.

^{고 건 언 유 지}
故 建言有之 : 그러므로 이런 격언이 있다.
^{명 도 약 매}
明道若昧 : 밝은 道는 어두운 것 같고
^{진 도 약 퇴}
進道若退 : 道에 열심히 다가감은 물러나는 듯하고
^{이 도 약 뢰}
夷道若纇 : 편안한 道는 기복이 심한 듯하고
^{상 덕 약 곡}
上德若谷 : 최고의 德은 골짜기처럼 빈 듯하고
^{태 백 약 욕}
太白若辱 : 순백한 것은 더러운 듯하고
^{광 덕 약 불 족}
廣德若不足 : 넓은 德은 부족한 듯하고
^{건 덕 약 투}
建德若偸 : 굳건한 德은 구차한 듯하고
^{질 진 약 유}
質眞若渝 : 순수하고 질박한 德은 어리석은 듯하다.

^{대 방 무 우}
大方無隅 : 크게 모난 것은 모서리가 없고
^{대 기 만 성}
大器晩成 : 큰 인물은 더디 이루어지고
^{대 음 희 성}
大音希聲 : 큰 소리는 도리어 들을 수 없고
^{대 상 무 형}
大象無形 : 큰 형상은 형체가 없다.

^{도 은 무 명}
道隱無名 : 道는 사물 뒤에 숨겨져 이름 붙일 수 없지만
^{부 유 도 선 대 차 성}
夫唯道 善貸且成 : 오직 道는 아낌없이 베풀어 만물을 완성한다.

주

■ 上士聞道(상사문도) : 최상 지식층은 道를 들으면
· 上士(상사) : 道를 체득한 어진 선비.

■ 勤而行之(근이행지) : 힘써(勤) 일하고(而) 이를(之) 行하다.

■ 若存若亡(약존약망) : 반신반의하는 태도
· 道라는 존재가 있는 것 같기도 하고 없는 것 같기도 하다.

■ 不笑不足以爲道(불소부족이위도) : 비웃음을 살 정도가 아니면 참 道로서 부족하다.
  道를 진정한 진리라고 할 수 없다.

■ 建言(건언) : 격언

■ 明道若昧(명도약매) : 밝은 道는 어두운 것 같다.
· 昧(매) : 暗(암), 어둡다. 희미하다.
· 若(약) : 如(여), 似(사)

■ 進道若退(진도약퇴) : 道에 전진하는 것은 후퇴하는 듯하다.

■ 夷道若纇(이도약뢰) : 평탄한 道는 기복이 많은 듯하고
· 夷道(이도) : 평탄하고 편안한 道.
· 纇(뢰) : 기복이 많은 것. 고르지 않다. 纇(뢰)는 夷(이)와 반대 의미

☞ 常道(상도)의 道는 明昧(명매), 進退(진퇴), 夷纇(이뢰)가 없다.

■ 上德若谷(상덕약곡) : 훌륭한 德은 만물을 다 수용하는 계곡 같다.

道 德 經/下篇 • 141

▌太白若辱 : 진실로 깨끗한 것은 오히려 더러워 보인다.
· 太白 : 진실로 결백한 것. 깨끗한 것.
· 若辱 : 욕됨, 때가 묻은 것. 더러워 보이다.

▌建德若偷는 훌륭한 德은 구차해 보인다.
· 建德 : 훌륭한 德.
· 偷 : 구차하다. 가볍다.

▌質德若渝 : 진실한 德은 변화, 변질된 듯 보인다.
· 質德 : 근본이 진실한 德
· 渝 : 변하다. 달라지다. 渝는 常과 반대의 뜻

▌大器晚成 : 큰 인물은 늦게 이뤄진다.   · 大器 : 큰 인물(그릇).

▌希聲 : 희미한 소리, 잘 들리지 않다

▌大象無形 : 큰 형습(도)은 형태가 없다.
· 大象 : 큰 모습, 道

▌道隱 : 道가 너무 위대하여 보이지 않고 숨어 있는 것.

▌夫唯道善貸且成 : 오직 道만이 아낌없이 베풀어 모든 것을 이룬다.
· 成 : 道는 일체 만물을 생성하다.

윗 上, 선비 士, 들을 聞, 이치 道, 부지런할 勤, 그리고 而, 행할 行, 그것 之, 가운데 中, 같을 若, 있을 存, 없을 亡, 아래 下, 큰 大, 웃을 笑, 아니 不, 족할 足, 써 以, 그러므로 故, 세울 建, 말씀 言, 있을 有, 밝을 明, 어두울 昧, 나아갈 進, 물러갈 退, 평탄할 夷, 울퉁불퉁할 纇, 골 谷, 클 太, 흰 白, 욕될 辱, 구차할 偸, 진실 質, 변할 渝, 모 方, 모서리 隅, 재주 器, 늦을 晩, 이룰 成, 소리 音, 드물 希, 소리 聲, 모양 象, 모양 形, 숨을 隱, 이름 名, 무릇 夫, 오직 唯, 착할 善, 베풀 貸, 또 且

《해설》

道에 대한 다양한 반응을 설명한다. 진리는 이해하기도 어렵고 터득하기는 더욱 어렵고 실행하기는 아주 불가능한가. 어떻게 도덕을 체득하여 삶에 젖어 들게 할까? 범인의 깨달음으로써는 헤아리기 어렵고 體知, 體能하기 쉽지 않다. 보이지 않고, 들리지 않고, 잡히지 않고, 이름도 없지만, 깊은 곳에 숨겨진 존재의 근원인 道! 모든 것을 아낌없이 베풀고 그 존재를 완성한다.

☞ 明道若昧, 進道若退, 夷道若纇는 14장에 있는 無色의 夷, 無聲의 希, 無形의 微 즉 보려고 해도 보이지 않으니 이를 夷라 하고(視之不見名曰夷), 귀를 기울여 들으려 해도 들리지 않으니 이를 希라 하고(聽之不聞名曰希), 잡으려 해도 잡히지 않으니 이를 微라 한다(搏之不得名曰微)와 더불어 道의 특징과 존재를 표현하고 설명하는데 빈용되는 名句다.

42장 힘을 믿고 설치는 자는 제명대로 살지 못한다.

_{도 생 일   일 생 이}
道生一 一生二 : 道는 하나를 낳고, 하나는 둘(천지)을 낳고,
_{이 생 삼   삼 생 만 물}
二生三 三生萬物 : 둘은 셋을 낳고, 셋은 만물을 낳는다.
_{만 물 부 음 이 포 양}
萬物負陰而抱陽 : 만물은 음을 등에 업고, 양을 끌어안아
_{충 기 이 위 화}
沖氣以爲和 : 정기로써 조화를 이룬다.

_{인 지 소 악}
人之所惡 : 사람들이 싫어하는 것은
_{유 고 과 불 곡}
唯孤寡不穀 : '고, 과, 불곡'이지만
_{이 왕 공 이 위 칭}
而王公以爲稱 : 왕공은 이를 자기 칭호로 쓴다.
_{고   물 혹 손 지 이 익}
故 物或損之而益 : 따라서 만물은 손해가 되기도 하고 이익이 되기도 하고
_{혹 익 지 이 손}
或益之而損 : 유익하기도 하고 도리어 손해가 되기도 한다.

_{인 지 소 교}
人之所教 : 이 이치를 사람들이 가르치는데
_{아 역 교 지}
我亦教之 : 나 역시 가르치려 한다.

_{강 량 자   부 득 기 사}
强梁者 不得其死 : '강한 자는 제 명에 죽지 못한다.'고 하니
_{오 장 이 위 교 부}
吾將以爲教父 : 나는 이것을 가르침의 교훈으로 삼고자 한다.

_{도 생 일   일 생 이   이 생 삼   삼 생 만 물}
▌道生一 一生二 二生三 三生萬物 : 만물의 어머니인 道가 하나의 기운을 낳고, 그 하나는 둘(陰陽氣)을 낳고, 그 두 음양의 기운이 交合하여 셋이 되는 沖氣가 되고, 그것이 만물을 낳는다.
道가 한 氣를 낳고, 그 한 氣가 天地(陰陽)를 낳고, 이 음양의 기가 교합하여 다시 沖化의 氣를 낳고, 이 沖化의 氣가 근본이 되어 만물을 생성한다.

- **沖化의 氣** : 음기, 양기, 충화의 기

一生二 : 하나가 둘을 낳는다. 즉 하나인 道요, 太極이라고도 한다. 이 道, 太極이 음양을 낳으니 이를 生兩儀라 한다.

二生三 : 음양이 교합하여 자식, 즉 三을 낳으니 이 三을 沖氣라고 한다. 이 三(陰氣, 陽氣, 沖氣)이 만물을 낳는다.

萬物負陰而抱陽 : 만물은 음기를 등에 업고 양기를 품에 안고

沖氣以爲和 : 교합된 충기가 조화를 이루는 것. · **沖** : 비다(虛, 空), 화합, 깊다.

人之所惡 : 사람이 싫어하는 바가 있으니

唯孤寡不穀 : 그것은 孤, 寡, 不穀이라고 하는데,
- **孤** : 고아.
- **寡** : 짝 잃은 사람.
- **不穀** : 몸종, 노예처럼 보잘것없는, 불선한 사람이다.

☞ 옛날의 성인이나 왕후들은 자신들을 겸손하게 부르는 말로 孤, 寡, 不穀이라고 겸칭하였다.

而王公以爲稱 : 그러나 왕공은 이것을 칭호(自稱)로 쓴다.

故物或損之而益 : 따라서 만물은 손해(손실)가 되기도 하고 오히려 유익하기도 한다.

或益之而損 : 유익하면 도리어 손해가 되기도 한다.

人之所敎 我亦敎之 : 사람들이(人) 그것을(之) 敎訓으로 삼는 것(所)을, 나(我) 또한(亦) 그것을(之) 교훈으로 삼는다.

道 德 經/下篇 • 145

▌强梁者 不得其死 : 힘만 믿는 자는 제명대로 살지 못하다.
· 强梁 : 強剛, 매사를 힘으로 해결하는 것.
· 梁 : 힘이 세다. 사납다.
· 不得其死 : 바르게 죽지 못함.

▌吾將以爲教父 : 나는 장차 이것(强梁하지 않는 것)을 교육의 으뜸으로 삼고자 한다.
· 教父 : 교육의 스승. 근본. 으뜸.

▶孤자는 〈외롭다〉, 〈의지할 데가 없다〉라는 뜻을 가진 글자이다.
孤자는 열매가 덩그러니 매달려 있는 모습을 그린 瓜자에 子자를 결합한 것이다. 열매가 홀로 매달려 있는 모습을 외롭고 고독한 아이와 연관시킨 것이다.

이치 道, 날 生, 일만 萬, 만물 物, 짊어질 負, 응달 陰, 그리고 而, 안을 抱, 볕 陽, 빌 沖, 기운 氣, 써 以, 할 爲, 화할 和, , 그것 之, 바 所, 싫어할 惡, 오직 唯, 고루할 孤, 주상 寡, 아니 不, 착할 穀, 임금 王, 공적 公, 일컬을 稱, 그러므로 故, 혹 或, 덜 損, 더할 益, 가르칠 教, 나 我, 또 亦, 굳셀 强, 들보 梁, 놈 者, 얻을 得, 그 其, 죽을 死, 나 吾, 장차 將, 아비 父

《해설》

道는 천지의 시작이요, 無인데 그 하나를 道가 낳은 것이고 하나란 무형으로, 無極이고, 數의 시작이고, 氣의 태동이고, 元氣이며, 道紀, 太極이다. 둘은 하나가 낳은 것, 둘로 나눠진 음양이며, 陽氣를 낳음이 陽動, 陰氣를 낳음이 陰靜이고, 천지이다. 셋이란 이 둘이 화합하여 낳은 것으로 和氣(沖氣, 生氣)이며 이는 沖和氣에 해당하여 三才가 되고 끝내 다시 元氣로 회귀한다(列子). 이것이 무한한 자연 순환의 사슬이 되어 다양한 모습과 쓰임(역할)으로 우주 만물은 생성되고 유지된다는 설명이다.
· 세상 사람들이 싫어하는 것은 孤, 寡, 不穀인데, 임금들도 도리어 이런 말을 자신들을 부르는 謙稱으로 사용한다 이렇듯이 모든 만물은 언제나 줄이면 도리어 늘어나고, 늘어나면 도리어 줄어든다. 세상 사람들이 가르치는 것을 나도 또한 그렇게 가르칠

것이다. 힘만 믿고 설치는 강자는 제명대로 살지 못한다는 것이 세상의 경계인데, 나는 이 가르침을 교육의 근본으로 삼고자 한다.

43장 부드러운 것이 강한 것을 이긴다.

天下之至柔 : 천하에 지극히 부드러운 것이

馳騁天下之至堅 : 천하에 지극히 단단한 것을 마음대로 부리고

無有 入無間 : 형체가 없는 것이 틈이 없어도 스며든다.

吾是以 知無爲之有益 : 나는 이로써 무위의 유익함을 안다.

不言之敎 無爲之益 : 말 없는 가르침과 무위의 이로움은

天下希及之 : 천하의 어떤 것과도 견줄 것이 없다.

▌天下之至柔 : 천하에 지극히 부드러운 것은

· 至柔 : 지극히 여리고 약하고 부드러운 것, 즉 물(水)

▌馳騁天下之至堅 : 천하의 지극히 부드러운 것, 즉 물은 마치 말을 타고 마음대로 달리듯 지극히 단단하고 강한 것을 마음대로 부린다.

· 馳騁 : 말을 타고 맘대로 휘젓고 다닌다. 맘대로 다 활용하다.

· 至堅 : 至柔와 상대되는 말로 가장 단단하고 강한 것.

▌無有無入間 : 無有는 형태(有)가 없는(無) 것.

· 無入間 : 들어갈 틈이 없는 것.

· 間 : 틈. 틈새. 사이.

▌吾是以 : 老子 자신은 이것으로써

- 是以 : 이것으로써

▍知無爲之有益 : 무위의 유익함을 알다.

▍不言之敎 : 말 없는 가르침, 즉 道의 가르침

▍天下希及之 : 천하에 이를 당할 것이 거의 없다.
- 希 : 거의 없다. 드물다.
- 之 : 물(水)을 가리킨다.

▶ 堅자는 土(흙) + 臤(굳을 간)이 결합한 모습이다. 臤자는 신하가 손을 올리고 있는 모습을 그린 것으로 〈어질다〉,〈굳다〉,〈땅을 단단하게 하다〉라는 뜻을 표현했다.

하늘 天, 아래 下, ~의 之, 지극할 至, 부드러울 柔, 말달릴 馳, 말을 마음대로 다룰 騁, 굳을 堅, 없을 無, 있을 有, 들 入, 사이 間, 나 吾, 이 是, 써 以, 알 知, 될 爲, 더할 益, 아니 不, 말씀 言, 가르칠 敎, 드물 希, 미칠 及

《해설》

세상에서 가장 여리고 약하고 부드러운 것, 즉 물을 예찬한 말이다. 물은 이 세상에서 가장 견고한 것까지도 마음대로 움직이고 아무런 틈새가 없는 곳일지라도 자유롭게 침투한다. 따라서 가장 부드럽고 또 어떤 형태에도 구애받지 않고, 말 없는 무위자연의 말 없는 교화(無言之敎와 無言之益)를 나는 너무 잘 안다. 이 세상에서 물에 견줄만한 것이 어디 있겠느냐? 따라서 물은 가장 유약하면서 가장 강한 것을 이기기 때문에, 최고의 영원한 승자요, 가장 낮음을 지향하지만, 다양한 형태를 유지하고 겸손하여 만물을 돕기 때문에 가장 유익한 것 중의 하나다.

44장 명예와 생명 중 어느 것이 더 소중한가?

<small>명 여 신 숙 친</small>
名與身 孰親 : 명예과 생명 중 어느 것이 더 소중한가?

<small>신 여 화 숙 화</small>
身與貨 孰貨 : 생명과 재산 중 어느 것이 더 귀한가?

<small>득 여 망 숙 병</small>
得與亡 孰病 : 이득과 손해 중 어느 것에 더 괴로운가?

<small>시 고 심 애 필 대 비</small>
是故甚愛必大費 : 그런 까닭에 너무 아끼면 반드시 큰 대가를 치르고

<small>다 장 필 후 망</small>
多藏必厚亡 : 재물을 많이 가지면 반드시 크게 잃는다.

<small>지 족 불 욕</small>
知足不辱 : 만족할 줄 알면 욕되지 않고

<small>지 지 불 태</small>
知止不殆 : 멈출 줄 알면 위태롭지 않고

<small>가 이 장 구</small>
可以長久 : 언제까지나 길고 오래 갈 수 있다.

<small>명 여 신 숙 친</small>
▌**名與身 孰親** : 명예와 생명 중에 어느 것이 더 소중한가?

<small>신 여 화 숙 화</small>
▌**身與貨 孰貨** : 몸과 재물 중에서 어느 것이 더 소중한가?

<small>득 여 망 숙 병</small>
▌**得與亡 孰病** : 소득과 손해 중에서 어느 것에 더 괴로운가?

<small>시 고 심 애 필 대 비</small>
▌**是故 甚愛必大費** : 그래서 지나친 애착은 큰 대가(낭비)를 치른다.

<small>대 비</small>
·**大費** : 생명의 큰 대가, 낭비.

<small>다 장 필 후 망</small>
▌**多藏必厚亡** : 재화를 많이 간직하면 반드시 큰 손실이 있다.

<small>후 망</small>
·**厚亡** : 큰 손실

■ 知足不辱 : 만족을 알면 욕되지 않는다.

■ 知止不殆 : 멈출 줄을 알면 위태롭지 않다.
· 知止 : 분수를 지켜 능력을 아는 것. 멈춰야 할 것을 아는 것.

■ 可以長久 : 오래 갈 수 있다.

▶ 親자는 〈친하다〉, 〈가깝다〉라는 뜻이며 立(설 립)+木(나무)+見(볼 견)이 결합한 모습이다. 親자는 감정적인 관계가 매우 〈친밀하다〉라는 것을 뜻하기 위해 만든 글자이다. 그래서 親자에 쓰인 見자는 눈앞에 보이는 아주 가까운 사람이라는 의미를 전달한다.

이름 名, 조사 與, 몸 身, 어느 孰, 가까울 親, 재화 貨, 소중할 多, 얻을 得, 망할 亡, 걱정할 病, 이 是, 그러므로 故, 심할 甚, 사랑 愛, 반듯 必, 큰 大, 쓸 費, 감출 藏, 클 厚, 알 知, 만족할 足, 아니 不, 욕될 辱, 머무를 止, 위태로울 殆, 옳을 可, 써 以, 긴 長, 오래 久

《해설》

생명보다 소중한 것이 있는가? 생명은 명성보다 소중하고 재화보다 더욱 귀중하다. 명성, 생명, 재화는 어느 것이 가장 소중한가? 얻는 것과 잃는 것은 어느 것이 더 괴로운가? 명성이나 재화에 대한 욕심을 억제하여 만족할 줄 알면 수치를 당하지 않고, 분수를 지키고, 자기 능력을 옳게 인식하면 위태롭지 않아 오래도록 편안히 살 수 있음을 깨우친다.

45장 맑고 고요함은 천하의 기준이 된다.

大成若缺 : 위대한 완성은 흠이 있어 보이지만
_{대성약결}
其用不弊 : 아무리 써도 해지지 않고
_{기용불폐}

大盈若沖 : 크게 충만한 것은 빈 듯하지만
_{대영약충}
其用不窮 : 아무리 써도 끝이 없다.
_{기용불궁}

大直若屈 : 크게 곧은 것은 도리어 굽은 듯하고
_{대직약굴}
大巧若拙 : 대단한 솜씨는 도리어 서툰 듯하고.
_{대교약졸}
大辯若訥 : 가장 훌륭한 말은 도리어 어눌한 듯하다.
_{대변약눌}

躁勝寒 : 움직이면 추위를 이기고
_{조승한}
靜勝熱 : 고요하게 있으면 더위를 이긴다.
_{정승열}
淸靜 爲天下正 : 맑고 고요하면 천하의 기준이 된다.
_{청정 위천하정}

■大成若缺 : 대성(道)은 완전하지 못하고 어딘가 모자란 듯하다.

·缺 : 흠, 결점. 모자라고 불완전하다.

■其用不弊 : 그 활용은 해짐이 없다. 다함이 없다. 해지지 않고 언제나 새롭다.

·其用 : 활용, 사용, 유용

·不弊는 해지지 않고 새롭다. 다함(끝)이 없다. 해지지 않다.

┃大盈若沖 : 참으로 충만한 것(道)은 부족한 듯하다.
·大盈 : 참으로 충실한 것, 가득 찬 것. 즉 道.
·沖 : 虛, 텅 비어 있는 것, 부족한 것.

┃其用不窮 : 쓰임이 무궁무진하다.
·不窮 : 다함이 없다. 무궁무진하다. 끝이 없다.

┃大直若屈 : 참으로 곧은 것은 도리어 굽어 보이다.
·直 : 바른 道, 성품이 곧다.
·屈 : 枉, 曲, 굽다. 정직하지 못한 것.

┃大巧若拙 : 참으로 능숙한 것은 도리어 서툴러 보이고
·巧 : 기교, 솜씨. 기묘한 것.
·拙 : 서툴다. 졸렬, 옹졸한 것.

┃大辯若訥 : 아주 잘 하는 말은 오히려 어눌하다.
·大辯 : 웅변, 잘하는 말.

┃躁勝寒 : 날뛰고 움직이면 추위를 이긴다.

┃靜勝熱 : 조용히 있으면 더위를 이길 수 있다.
·靜 : 움직이지 않고 조용히 앉아 있다. 躁와 반대
☞ 躁勝寒 靜勝熱 : 움직이면 추위를 이기고 고요함은 열을 이긴다.

┃淸靜爲天下正 : 청정 무위하면 천하의 기준이 된다.
·天下正 : 천하의 기준이나 표준, 규범. 正道

· 正(정) : 모범, 표준, 기준.
☞ 大成, 大盈, 大直, 大巧, 大辨을 淸淨한 道로 보고 이들을 모두 무위이니 천하의 기준으로 삼아라.

▶缺자의 缶(장군 부)자는 항아리 손잡이가 〈떨어져나가다〉이고, 夬(터놓을 쾌)자는 한쪽 면이 트여있는 모습을 그린 것으로 〈터놓다〉라는 뜻이 있다. 缺자는 항아리 손잡이가 떨어져 제구실하지 못하게 되었다는 뜻에서 〈이지러지다〉, 〈없어지다〉, 〈모자라다〉라는 뜻이 되었다.

> 큰 大, 이룰 成, 같을 若, 흠 缺, 그 其, 쓸 用, 아니 不, 해질 弊, 찰 盈, 빌 沖, 다할 窮, 곧을 直, 굽을 屈, 기교 巧, 말 잘할 辯, 어눌할 訥, 조급할 躁, 이길 勝, 찰 寒, 고요 靜, 더울 熱, 될 爲, 하늘 天, 아래 下, 바를 正

《해설》

大道의 모습이다. 그것은 보이지도 않고, 들리지도 않고, 잡을 수도 없어서, 큰 것을 이루고(大成), 그 활용이 언제나 새롭거니와 우주를 가득 채우고(大盈) 무궁무진하다. 그러나 어딘가 결점이 있어 보이고, 다함이 없고 비어 있는 듯하며, 쭉 뻗어 곧은 것(大直) 같다가도 굽은 듯하다. 모든 우주 만물을 탄생시키고 성장시키는 그 엄청나고, 교묘한 힘(大巧)이 있지만, 한편으로는 옹졸한 듯하고 가늠할 수 없는 우주 만물의 소리를 대변하고 웅변(大辯)하지만 들을 수 없어 어눌한 것 같은 것이 바로 무위자연의 道다. 추울 때는 조용히 있지 말고, 움직여서 한기를 이기고, 더울 때는 움직이지 않고 고요하게 있으면 더위(熱)를 극복할 수 있다. 道의 모습인 大成, 大盈, 大直, 大巧, 大辨을 깨달아 천하의 기준으로 삼으라는 것이다.

46장 만족할 줄 알면 부족함이 없다.

天下有道 : 천하에 道가 있으면,
却走馬以糞 : 잘 달리는 말을 농사짓는 농마로 쓴다.

天下無道 : 천하에 道가 없으면
戎馬生於郊 : 군마가 성 밖(전쟁터)에서 새끼를 낳는다.

罪莫大於可欲 : 욕심보다 더 큰 죄가 없고
禍莫大於不知足 : 만족을 모르는 것보다 더 큰 화가 없고
咎莫大於欲得 : 얻고자 하는 욕심보다 더 큰 허물은 없다.

故 知足之足 常足矣 : 그러므로 만족할 줄 알면 언제나 넉넉하다.

▣ 天下有道 却走馬以糞: 천하에 道가 있으면 좋은 말을 농마로 쓴다.
· 却 : 되돌리다. 잘 달리는(좋은) 말을 군마로 쓰지 않고 되돌려 농마로 쓴다. 官의 소유물을 백성에게 拂下(불하)하는 것
· 走馬 : 잘 달리는 말. 좋은 말. 파발마.
· 糞 : 비료나 거름(똥)을 주고 농사를 짓는 것

▣ 天下無道 戎馬生於郊 : 道가 없으면 군마가 들판에서 새끼를 낳다.
· 戎馬 : 軍馬, 兵馬.
· 戎 : 軍馬, 兵器, 兵車

■ 罪莫大於可欲 : 욕심보다 더 큰 죄는 없고

■ 禍莫大於不知足 : 만족을 모르는 것만큼 큰 재앙이 없다.

■ 咎莫大於欲得 : 허물 중에서 욕심보다 더 큰 허물은 없다.

■ 知足之足 : (현재 가진 것에 욕심부리지 않고) 만족할 줄 아는 것에 만족하면 영원히 만족할 것이다.

▶ 足자는 〈발〉, 〈뿌리〉, 〈만족하다〉라는 뜻을 가진 글자이다. 足(족)자는 止(지)(발) + 口(구)(입)가 결합한 것이다. 그러나 足(족)자에 쓰인 口(구)자는 城(성)을 표현한 것이기 때문에 여기에 止(지)자가 더해진 足(족)자는 城(성)을 향해 걸어가는 발 모습을 그린 것이다.

하늘 天, 아래 下, 있을 有, 이치 道, 그칠 卻. 달릴 走, 말 馬, 써 以, 거름줄 糞, 없을 無, 무기 戎, 날 生, 어조사 於, 성 밖 郊, 재앙 禍, 없을 莫, 큰 大, 알 知, 만족할 足, 허물 咎, 하고자 할 欲, 얻을 得, 그러므로 故, 갈 之, 항상 常, 어조사 矣

《해설》

知足, 儉欲을 강조하고 무위자연의 道는 위정자의 탐욕으로 빚어진 전쟁이 없는 평화의 道요. 백성들은 전쟁터로 징집되지 않아 농사를 비롯한 본업에 충실할 수 있는 道다. 만족을 모르면 큰 재앙이 닥치고, 물욕에 눈이 어두워 지나치면 백성은 배고프고 고통스럽다. 따라서 욕심부리지 않고 가진 것에 만족할 줄 아는 것이 영원한 만족임을 강조한다.

47장 보지 않아도 훤히 안다.

不出戶 知天下 : (道를 알면) 문밖에 나가지 않아도, 천하를 알고
不窺牖 見天道 : 창문으로 엿보지 않아도, 천도를 훤히 안다.

其出彌遠 : (이치를 알려고) 멀리 나갈수록,
其知彌少 : 앎은 더욱 작아진다.

是以 聖人 : 그래서 성인은
不行而知 : 가지 않아도 훤히 알고
不見而明 : 보지 않아도 훤히 깨닫고
不爲而成 : 행하지 않아도 이룬다.

▌不出戶 知天下 : 집 밖으로 나가지 않아도 세상일을 안다.
 도를 알면 세상 이치를 꿰뚫어 안다.

▌不窺牖 見天道 : 창밖으로 엿보지 않아도 천도를 안다.

▌其出彌遠 : 밖을 나가 멀리 나갈수록.
·彌遠 : (알기 위하여) 밖으로 멀리 나가는 것.

▌其知彌少 : 아는 것이 더욱 적어진다.

▌不行而知 : 행하지 않아도 안다. 가지 않아도 안다.

┃不見而明 : 눈으로 직접 보지 않아도 훤히 안다.

☞ 明은 인간 내면이 깨우쳐 밝아짐이고, 光은 외면이 밝아짐이다.

┃不爲而成 : 하지 않아도 이루다.
・不爲 : 無爲

아니 不, 날 出, 문 戶, 써 以, 알 知, 하늘 天, 아래 下, 볼 窺, 창 牖, 볼 見, 이치 道, 그 其, 더욱 彌, 멀 遠, 적을 少, 이 是, 성인 聖, 사람 人, 갈 行, 그리고 而, 할 爲, 이룰 成

《해설》

내면의 성찰과 직관으로 세상 이치와 도를 깨달을 수 있음을 강조한다. 문밖을 나가지 않아도 세상일을 알 수 있고 창밖을 내다보지 않아도 하늘의 이치를 알 수 있다. 이런 이치를 구하려고 멀리 나갈수록 더 알 수가 없다. 道를 따르면 멀리 나가지 않아도 훤히 알 수 있고 하지 않아도 모든 것을 이룰 수 있다. 본성을 밝히고 道로써 英知를 닦아야 한다는 주장이다. 아울러 道의 특징과 인간이 무위자연의 道를 체득하여 떠나지 않아야 하는 이유와 도력의 무한한 힘을 말한다. 인간이 道를 통한 정신 통일과 집중은 천하의 모든 대세를 알 수 있고 천도를 깨달아 초감각적이고 초경험적 세계를 파악할 수 있는 현묘함을 강조한다. 또한 인간의 순수성을 지나치게 확산시켜 인간을 밖으로의 노예가 되면 인간은 한없이 저급해지고, 탐욕이 화신으로 만들 위험성을 경고한다. 〈마음은 곧 이치다. 천하에 또 마음 밖의 일, 마음 밖의 이치가 어찌 있으랴〉(왕양명).

48장 無爲로써 이루지 못하는 것이 없다.

爲學日益 : 학문을 추구하면 나날이 지식은 늘어나지만
爲道日損 : 도를 추구하면 지식과 욕심이 나날이 줄어든다.
損之又損 至於無爲 : 줄어들고 또 줄어, 無爲에 이르면
無爲而無不爲 : 無爲로써 이루지 못할 것이 없다.

取天下 常以無事 : 천하를 얻으려면, 항상 無爲로써 다스려야 한다.
及其有事 不足以取天下 : 억지로 일을 꾀하면 천하를 얻을 수 없다.

▌爲學日益 : 학문을 할수록 날마다 (배움이) 늘어난다.

▌爲道日損 : 도를 행하면 날마다 (지식과 욕심이) 줄어든다.

▌損之又損 至於無爲 : 줄이고 또 줄이면 무위에 이른다.
 ·損之又損 : (지식과 욕심을) 줄어들고 또 줄어든다. 점점 줄어든다.

▌無爲而無不爲 : 무위의 경지에 이르면 못 하는 것이 없다.

▌取天下(治天下) : 천하를 다스리는 것.

▌常以無事 : 언제나 무위의 자세로 일을 처리하다.
 ·無事 : 아무것도 추구하지 않는 상태. 일을 꾀하지 않음

道 德 經/下篇・159

■ **及其有事**(급기유사) : 무위가 아닌 인위, 작위의 일을 하는 것.
·**有事**(유사) : 일을 꾸미는 유위, 인위, 작위를 뜻하며, 無事의 반대.

■ **不足以取天下**(부족이취천하) : 천하를 다스림에 족할 수 없다. 취할 수 없다.

▶ 益(익)자는 〈더하다〉, 〈유익하다〉뜻일 때는 〈익〉이라 하고 〈넘치다〉라고 할 때는 〈일〉로 발음한다. 갑골문의 益자를 보면 皿(그릇)자 위로 水(물)자가 그려져 물이 넘치는 모습을 표현한 것이다. 그래서 益자의 본래 의미도 〈물이 넘치다〉였다. 그러나 넘치는 것은 풍부함을 연상시켰기 때문에 후에 〈더하다〉, 〈유익하다〉의 뜻이 되었다.

할 爲(위), 배울 學(학), 날 日(일), 더할 益(익), 이치 道(도), 줄일 損(손), 그것 之(지), 또 又(우), 이를 至(지), 어조사 於(어), 없을 無(무), 그리고 而(이), 아니 不(불), 취할 取(취), 하늘 天(천), 아래 下(하), 항상 常(상), 미칠 及(급), 그 其(기), 있을 有(유), 일 事(사), 만족할 足(족)

《해설》

爲學이 아닌 絶學하고 尊道를 강조한다. 孔子가 주장하는 儒敎는 널리 글을 배운다(博學多識, 博學多) 즉 好學하여 군자가 되는 것이 지상과제였지만 老子는 聖智, 仁義, 巧利의 無用을 주장하고 道를 체득하면 할수록 지식과 욕심이 감소되고, 감소할수록 道에 더욱 가까워진다고 絶學을 강조하며 오로지 尊道를 주장한다. 많이 알면 알수록 병이 된다는 것이다.(絶學無憂) 개인적인 생활뿐 아니라 심지어 천하를 지배하는데 있어서도 도로써 행하면 성취되는 것이니 절대로 잔재주나 교묘한 꾀를 부리는 어설픈 지식 즉 有爲, 有事로써는 안 되고, 지식과 욕심을 버리고 비울 수 있는 한 모든 것을 버린 無知, 無欲의 경지인 無爲, 無事만이 모든 것이 이뤄진다고 주장한다. 老子는 聖智, 仁義, 巧利만 버리라고 한 것이 아니다. 모든 것을 버려야 한다고 주장한다. 그리하여 무지하고, 욕심을 버린 무욕의 경지에서 바로 모든 것이 이뤄지고, 무위의 세계, 즉 道의 낙원에 이른다고 본다.

49장 위정자는 백성의 마음을 자기 마음으로 삼는다.

聖人 無常心 : 성인은 일정한 마음이 없어서
以百姓心 爲心 : 백성의 마음을 자기 마음으로 삼는다.

善者 吾善之 : 성인은 선한 자를 선하게 대하고,
不善者 吾亦善之 : 악한 자도 역시 선하게 대하니
德善 : 덕은 선하기 때문이다.

信者 吾信之 : 신의가 있는 자는 신의로 대하고,
不信者 吾亦信之 : 신의가 없는 자도 역시 신의로 대하니
德信 : 덕은 믿음이기 때문이다.

聖人在天下 歙歙 : 성인은 천하에 임할 때 무엇에도 집착하지 않고
爲天下渾其心 : 백성의 마음을 통일시킨다.
百姓 皆注其耳目 : 백성은 모두 다 지도자에게 이목을 집중하지만
聖人 皆孩之 : 성인은 백성을 모두 어린아이로 여긴다.

▌聖人無常心 : 성인은 언제나 무위 속에 살기 때문에 인위적인 고집이 없다.
· 常心 : 변하지 않는 마음

▌以百姓心 爲心 : 만백성의 마음을 자기 마음으로 삼는 것

▎^{선자}善者 ^{오선지}吾善之 ^{불선자}不善者 ^{오역선지}吾亦善之 : 훌륭한 지도자는 선악과 구별하지 않고 다 선으로 수용하는 것

▎^{덕선}德善 : 선을 큰 德으로 누리게 하다.

▎^{신자오신지}信者吾信之 ^{불신자오역신지}不信者吾亦信之 : 성인의 입장에서 신이나 불신을 따지지 않고 다 수용한다.

· ^{덕신}德信 : 신뢰를 큰 德으로 누리다. 신뢰를 큰 德으로 여기다.

▎^{성인재천하}聖人在天下 ^{흡흡}歙歙 : 성인이 천하에 있으면서 백성들과 화합하다.

· ^{흡흡}歙歙 : 집착하지 않다.

▎^{위천하혼기심}爲天下渾其心 : 천하를 위해 백성의 마음을 혼연일체시키다.

· ^{혼기심}渾其心 : 백성의 마음을 통일시키다.

▎^{백성 개주기이목}百姓 皆注其耳目 : 온 백성은 성인의 이목에 집중하다.

▎^{성인개해지}聖人皆孩之 : 성인은 백성을 어린아이처럼 무지, 무욕하게 여기다.

▶ ^심心자는 〈마음〉, 〈생각〉, 〈심장〉, 〈중앙〉이라는 뜻을 가진 글자이다. 갑골문에 나온 心자를 보면 사람과 동물의 심장이 간략하게 표현되어 있고 심장은 신체의 중앙에 있으므로 〈중심〉이라는 뜻도 가지고 있다. 옛사람들은 감정과 관련된 기능은 머리가 아닌 심장이 하는 것이라 여겼다. 그래서 心자가 다른 글자와 결합할 때는 마음이나 감정과 관련된 뜻을 전달한다.

성인 聖, 사람 人, 없을 無, 항상 常, 마음 心, 써 以, 일백 百, 성 姓, 할 爲, 놈 者, 나 吾, 갈 之, 또 亦, 누릴 善, 큰 德, 믿을 信, 있을 在, 하늘 天, 아래 下, 줄일 歙, 합할 渾, 그 其, 모두 皆, 쏟을 注, 귀 耳, 눈 目, 어린아이 孩

《해설》

성인(좋은 지도자)의 도리를 밝힌 장으로 성인은 영구불변의 마음이 없고 백성의 마음을 자기 자신의 마음으로 삼는다. 착한 사람을 착하게 대하고 악한 사람도 선하게 대하여 선을 큰 德으로 여긴다. 믿음 있는 사람은 믿음으로 대하고 믿음이 없는 사람도 믿음으로 대하면 믿음을 큰 德으로 여긴다. 성인은 천하에 임할 때 무슨 일이나 집착을 버리고 천하를 혼연일체가 되게 하고 천하의 이목이 쏠려도 온 백성들을 어린아이처럼 무지, 무욕의 상태로 만듭니다.

· 孔子는 위대한 인격자를 군자로, 老子는 무위의 화신 즉 성인(좋은 지도자)으로 설정하였다.

50장 삶에 집착하지 않으면 죽음도 없다.

出生入死 : 사람들은 살 곳을 나와 죽을 곳으로 들어가는데
生之徒十有三 : 사는 길로 가는 무리는 열에 셋이고
死之徒十有三 : 죽음의 길로 가는 무리도 열에 셋이다.
人之生動之死地 : 사는 길에서 죽음의 길로 움직이는 자도
亦十有三 : 또한 열에 셋이다.

夫何故 : 그것은 무슨 까닭인가?
以其生生之厚 : 그것은 인생을 사는데 삶에 너무 집착하기 때문이다.

蓋聞 "善攝生者 : 속담에 "섭생을 잘하는 자는
陸行 不遇兕虎 : 육지에 가도 들소나 호랑이를 만나지 않고
入軍 不被甲兵 : 전쟁터에서도 무기의 상처 입지 않고
兕無所投其角 : 들소도 그 뿔로 들이받지 않고
虎無所措其爪 : 호랑이도 발톱으로 할퀼 곳이 없고
兵無所容其刃 : 병기도 칼로 벨 곳이 없다."고 한다.

夫何故 : 그것은 무슨 까닭입니까?
以其無死地 : (삶에 집착하지 않으면) 죽을 곳이 없기 때문이다.

주

▌出生入死 : 살 곳을 나와 죽을 곳으로 들어가다. 또는 나오면 살고 들어가면 죽는다

■ 生之徒十有三 : 살 수 있는 길로 가는 무리가 십 분의 삼 정도요
· 生之徒 : 살 수 있는 길에 있는 사람들, 장수할 수 있는 사람.
· 十有三 : 열에 세 명

■ 死之徒 : 죽음의 길로 들어서는 사람. 요절하는 사람

■ 人之生 動之死地 : 오래 살려고 애쓰다 죽을 곳으로 향하다.
· 動之 : 움직여, 애써 간다.

■ 以其生 生之厚 : 사는 데 삶에 지나치게 집착하는 까닭이다. 하늘이 부여한 섭생은 하지 않고 탐욕(名利)에만 집착하는 까닭이다.

■ 蓋聞 〃 善攝生者 : 속담에, 내가 듣기로, 섭생을 아주 잘하는 자

■ 蓋聞 : 속담에. 내가 듣기로, 들리는 말에 의하면

■ 善攝生者 : 道를 따라 삶을 잘 다스리는 자.

■ 陸行 不遇兕虎 : 육지에서 무서운 들소나 호랑이를 만나지 않고

■ 兕虎 : 들소와 호랑이

■ 兕無所投其角 : 들소도 그 뿔을 받을 곳이 없다.
· 投 : 뿔로 들이받는다.

■ 入軍 不被甲兵 : 군대에 들어가서 갑옷, 무기의 피해를 입지않다.

■ 虎無所措其爪 : 호랑이가 그 발톱으로 할퀼 쓸 곳이 없다.

道 德 經/下篇 · 165

- 措 : 할퀴다. 두다. 그만두다.

▌兵無所容其刃 : 무기도 그 칼을 용납할(파고들) 곳이 없다.
- 容 : 뚫다. 파고들다.

▌以其無死地 : 죽을 곳이 없다. 생사를 하늘의 것으로 받아들이는 잘 관리하는 섭생자는 생사를 초월했기 때문에 죽고 싶어도 죽을 곳이 없어진 경지다.

▶ 死자는 〈죽다〉라는 뜻을 가진 글자이다. 死자는 歹(뼈 알, 죽음)자와 匕(비수)자가 결합한 모습이다. 匕자는 시신 앞에서 애도하고 있는 사람을 그린 것이다. 즉 死자는 누군가의 죽음을 애도하고 있는 모습에서 〈죽음〉을 표현한 글자이다.

나올 出, 날 生, 들 入, 죽을 死, ~의 之, 무리 徒, 열 十, 있을 有, 석 三, 사람 人, 움직일 動, 땅 地, 또 亦, 무릇 夫, 어찌 何, 연고 故, 써 以, 그 其, 두터울 厚, 대략 蓋, 들을 聞, 잘할 善, 잘 맞을 攝, 땅 陸, 다닐 行, 만날 遇, 외뿔소 兕, 호랑이 虎, 들 入, 군사 軍, 입을 被, 갑옷 甲, 무기 兵, 바 所, 뿔로 들이 받칠 投, 뿔 角, 할퀼 措, 발톱 爪, 받아들일 容, 칼날 刃

《해설》

道를 체득한 자와 道를 체득하지 않은 자의 삶을 대하는 태도를 비교한다. 名利를 떠나 세속적인 삶의 집착에서 벗어나 무위자연의 삶의 흐름을 따르고 욕망을 절제하는 것이 생명을 보존하는 길이다. 만족을 모르는 것보다 더 큰 재앙이 없다고 했다. 인간의 욕심이란 고무주머니다. 욕심을 채울수록 더욱더 늘어나고 커지는 욕심의 주머니. 그 주머니는 목숨을 단축하고 질병의 고통 속에서 헤매게 한다. 생명이란 자연이 내게 부여하고 맡겨놓은 것이니 최선을 다해 도를 체득하고 다스려라. 목숨이란 내 것인가! 아니다. 하늘이 맡겨놓은 것이다. 섭생이란 생의 의무를 한치도 어긋나지 않게 하늘의 뜻을 거스르지 않고 지킴이다. 따라서 탐욕에 집착하지 말고(小私寡欲) 목숨을 소중히 여기라는 경고다.
- 이 세상에서 삶을 잘 살 줄 안다는 것이 무엇인가?

정말로 잘 살 줄 아는 섭생자는 마음을 비우고 항상 담담할 줄 안다. 그런 삶을 사는 자는 위험한 곳에 들어갈 이유도 없고 무리를 할 이유조차 없고, 또 생과 사의 대립에 갈등할 이유도 없고 지나친 삶의 애착마저 없어서 땅위에서는 물소나 호랑이를 만나도 다치지 않고, 전쟁터에서도 피해를 입지 않는다. 생에 너무 집착하는 사람은 스스로 명 재촉을 하여 도리어 빨리 죽게 되고, 죽음을 자연히 받아들이는 사람을 오래 살게 한다.

51장 道는 만물을 낳고 德은 만물을 기른다.

道生之 德畜之 : 道는 만물을 낳고, 德은 만물을 기르고,
物形之 勢成之 : 만물은 형체를 갖춰, 기세를 이룬다.
是以萬物 : 그래서 만물은
莫不尊道而貴德 : 道를 받들고 德을 귀하게 여기지 않을 수 없다.

道之尊 德之貴 : 道를 받들고 德을 귀하게 여기는 것은
夫莫之命 而常自然 : 누가 명하지 않아도 항상 그러한 것이다.
故道生之, 德畜之 : 따라서 道는 만물을 낳고, 德은 만물을 기르고,
長之育之, 成之熟之 : 키우고 길러주고, 이루어 여물게 하며,
養之覆之 : 기르고 입히는 것이다.

生而不有, 爲而不恃 : 낳아도 소유하지 않고, 인위에 의존하지 않고,
長而不宰, 是謂玄德 : 우두머리가 되어도 지배하지 않으니, 이것을 현덕이라 한다.

주

■ 道生之 : 道가 만물을 낳다. 道는 만물의 어미(근원)라는 의미.

· 之 : 우주 만물의 어머니. 道가 자식인 우주 만물을 낳는다.

■ 德畜之 : 道의 위대한 공이 德인데 그 德이 만물을 길러준다.

■ 物形之 : 만물이 형태를 갖추는 것.

▌勢成之 : 만물의 기세가 이뤄지다. 기세를 갖추다.

▌是以 萬物 莫不尊道而貴德 : 따라서 만물은 道를 존중하고 德을 소중히 하지 않을 수 없다.

▌道之尊, 德之貴 : 道의 존중과 德을 귀하게 여긴다.

▌夫莫之命 : 무릇 하늘의 명령이 아니겠느냐?

▌而常自然 : 자연스러운 무위에 의한 것이다.

▌故道生之德畜之 : 그래서 道가 만물을 낳고, 德이 만물을 기르고

▌長之育之 : 키우고 기르다.

▌亭之毒之 : 안정시키고, 충실하게 하며

▌養之覆之 : 기르고 보호하다(덮어주다).

▌生而不有 : 道는 만물을 낳지만 소유하지 않고

▌爲而不恃 : 道는 만물을 생육하지만 자랑하지 않는다.

▌長而不宰 : 만물을 성장시키지만 맘대로 주재하지 않는다.

▌是謂玄德 : 이것을 〈玄德〉이라고 하다.

▶ 生자는 본래 〈나서 자라다〉, 〈돋다〉라는 뜻이다. 새싹이 돋아나는 것은 새로운 생명이 탄생했음을 의미한다. 그래서 生자는 후에 〈태어나다〉, 〈살다〉, 〈나다〉와 같은 뜻을 갖게 되었다.

이치 道, 날 生, 허사 之, 큰 德. 기를 畜, 만물 物, 모양 形, 기세 勢, 이룰 成, 이 是, 써 以, 없을 莫, 있을 存, 그리고 而, 받들 尊, 귀할 貴, 무릇 夫, 명령할 命, 항상 常, 스스로 自, 그럴 然, 그러므로 故, 키울 長, 기를 育, 편안 亭, 신실할 毒, 기를 養, 보호할 覆, 있을 有, 할 爲, 자랑할 恃, 주재할 宰, 이를 謂, 검을 玄

해설

집 앞의 아름다운 꽃은 어떻게 핀 것일까? 저 높은 산의 아름드리 나무는 어떻게 저렇게 크게 자란 것일까. 道가 만물을 낳았고 德은 만물을 기른 것이다. 道는 만물을 낳고 德은 기르는 어머니다. 그리하여 만물은 형태를 갖추고 기세가 이뤄지므로 만물은 도를 존중하고 그 공덕을 귀하게 여긴다. 이것이 尊道貴德(존도귀덕)이다. 이런 道와 德의 존귀함은 누가 시켜서 하는 것이 아니고 언제나 자연히 그런 것이다. 道는 만물을 생장화육하지만 소유하거나 공로를 자랑하거나, 지배자 역할을 하지 않는데, 이런 德을 〈玄德〉이라고 한다.

52장 욕망의 문을 닫으면 근심 걱정이 없다.

天^천下^하有^유始^시 : 천하에 시작(道)이 있으니,
以^이爲^위天^천下^하母^모 : 이를 천하의 어머니라고 한다.
旣^기得^득其^기母^모 復^부知^지其^기子^자 : 어머니(道)를 얻은 후에, 돌이켜 그 자손(萬物)을 알 수 있고
旣^기知^지其^기子^자 復^부守^수其^기母^모 : 자손을 안 후에, 돌이켜 그 어머니를 지키니,
沒^몰身^신不^불殆^태 : 평생 위태롭지 않다.

塞^색其^기兌^태 : 욕망의 구멍(耳目口鼻)을 막고,
閉^폐其^기門^문 終^종身^신不^불勤^근 : 욕망의 문을 닫으면, 평생 수고롭지 않고
開^개其^기兌^태 : 욕심의 구멍을 열고,
濟^제其^기事^사 : 욕망을 충족시키는 일을 한다면,
終^종身^신不^불救^구 : 평생 구제할 길이 없다.

見^견小^소曰^왈明^명 : 작은 것을 보는 것은 밝음이고,
守^수柔^유曰^왈强^강 : 부드러움을 지키면 강함이다.
用^용其^기光^광 : 그 道의 빛을 이용해서
復^복歸^귀其^기明^명 : 다시 밝음으로 돌아가니,
無^무遺^유身^신殃^앙 : 몸에 재앙이 남지 않으니
是^시謂^위習^습常^상 : 이를 상을 실천하는 것(習常)이라고 한다.

▎天^천下^하有^유始^시 以^이爲^위天^천下^하母^모 : 천하는 시작이 있었으니 (만물을 낳은 신비의 세계가 있으니) 이를 천하의 어미라 한다.

▮^{기 득 기 모 부 지 기 자}旣得其母復知其子 : 이미 어미를 알았으니 다시 자손을 알게 된다.

· ^{기 모}其母 : 道.

▮^{부 수 기 모 몰 신 불 태}復守其母 沒身不殆 : 다시 어미(道)를 지키면 평생 위태롭지 않다.

· ^{몰 신}沒身 : 평생, 죽을 때까지.

▮^{색 기 태}塞其兌 : ^{정 욕}情慾의 구멍을 막다. 정욕을 참다.

· ^태兌 : 구멍, 감각을 담당하는 인체의 ^{칠 규}七竅(耳目口鼻)로 오감 기관.

▮^{폐 기 문}閉其門 : 정욕의 문을 닫다.

· ^문門 : 칠규에서 일어나는 七情(喜怒禺思悲驚恐)의 감각적 욕망의 문

▮^{종 신 불 근}終身不勤 : 죽을 때까지 애쓸 것이 없다.

· ^{종 신 몰 신}終身(沒身) : 죽을 때까지.

▮^{개 기 태}開其兌 : 감정에 휘말려 일어나는 욕망의 문을 열다.

감각기관(^{칠 규}七竅)의 욕망의 문을 고요하게 닫다.

▮^{제 기 사 종 신 불 구}濟其事終身不救 : 욕망의 문을 열어 칠정을 충족시킨다면 종신토록 구원받지 못하다.

· ^{제 기 사}濟其事 : 욕망을 충족시키는 일. 또는 욕망을 구제하려 하면

· ^제濟 : 다스리다. 충족시키다. 구제하다.

· ^{기 사}其事 : 욕망대로 휘둘리는 것.

· ^{종 신 불 구}終身不救 : 평생 구원받지 못하다.

▮^{견 소 왈 명}見小曰明 : 작은 것을 보는 것을 〈明〉이라 하다.

· ^소小: 道의 미묘함.

▎守柔曰强 : 유연함을 지키는 것이 진정한 〈强〉이다.

▎用其光 ; 지혜를 이용하다.

▎復歸其明 : 밝은 영지로 돌아가면
· 復歸 : 明으로 되돌아가는 것.
· 明 : 道를 밝히는 英知.

▎無遺身殃 : 몸에 재앙을 남기는 일이 없다.

▎是謂習常 : 이를 常道, 즉 무위의 道를 익혀서 간직하는 것이다.
· 習常 : 常道를 익힌다.

▶ 母자는 갑골문에서는 母자와 女(계집)자가 매우 비슷한 모습으로 그려져 있었다. 다만 女자가 다소곳이 앉아있는 여자를 그린 것이었다면 母자는 여성의 가슴 부위에 점을 찍어 아기에게 젖을 물리는 어머니를 표현하였다. 그래서 母자는 〈어미〉, 〈어머니〉라는 뜻 외에도 〈기르다〉, 〈양육하다〉, 〈나이가 많은 여성〉이라는 뜻도 있다.

하늘 天, 아래 下, 있을 有, 처음 始, 써 以, 할 爲, 어미 母, 이미 旣, 얻을 得, 그 其, 알 知, 다시 復, 지킬 守, 다할 沒, 몸 身, 아니 不, 위태로울 殆, 막을 塞, 이목구비 兌, 닫을 閉, 문 門, 끝 終, 지칠 勤, 열 開, 이룰 濟, 일 事, 구할 救, 볼 見, 작을 小, 가로 曰, 밝을 明, 부드러울 柔, 굳셀 强, 쓸 用, 빛 光, 돌아갈 歸, 끼칠 遺, 재앙 殃, 이 是, 익힐 習, 항상 常

《해설》

우주 만물의 시작은 어머니인 道에서 탄생하였으니, 道는 천지의 근본은 어머니다. 따라서 어머니를 알면 그 자식인 우주 만물을 알 수 있으니, 그 어머니를 잘 따른다면 평생 편안하게 살 수 있을 것이다.

감각적인 욕망이 휘몰아치는 대로 행동해서는 안 되니 그 情慾의 문을 닫고, 道로 다스린다면 일생을 피곤하지 않게 살거니와 구원받을 것이다. 그런데 욕망의 구멍을 열어놓고 이것을 이루려고 가진 애를 쓰면 결국 한평생 구원받을 길이 없다. 사람에게는 道를 올바르게 보는 영지가 있으니 이를 〈明〉이라 하고 유연성을 지키는 것을 〈强〉하다고 한다. 또한 사람이 가진 영지로 무위자연의 道에 되돌아가면 평생 재앙이 없을 것이니, 道로 들어가는 〈襲常〉에서 인간은 편안할 것이라고 강조한다.

53장 道는 편하지만, 사람들은 위험한 지름길만 좋아한다.

使我介然有知 : 내게 작은 지혜가 있다면
行於大道 : 대도를 행하고
惟施是畏 : 오직 샛길로 빠지는 것을 경계할 것이다.

大道甚夷 : 대도는 평탄하지만
而民好徑 : 사람들은 샛길을 좋아한다.

朝甚除 : 조정은 부정부패가 심하고,
田甚蕪 : 밭에는 잡초만 무성하고,
倉甚虛 : 창고는 텅 비었다.
服文綵 : 권력자들은 화려한 비단옷을 입고,
帶利劍 : 예리한 칼을 차고,
厭飮食 : 맛있는 음식과 술에 싫증이 나고,
財貨有餘 : 재화는 남아돈다.
是謂盜夸 : 이를 도둑질한 영화라고 한다.
非道也哉 : 어찌 道라고 할 수 있겠는가?

주

▍使我介然有知 : 내게 만약 작은 지식이 있다면
· 介然 : 작은 것.

▍行於大道 : 무위자연의 道를 행하다.

▌惟施是畏 : 사도에 빠지는 것을 경계하여 베풀다.
· 施 : 邪, 잘못에 빠지다. 사악하다.

▌大道甚夷民好徑 : 대도는 편한데 사람들은 샛길(邪道)을 좋아하다.
· 徑 : 샛길, 여기서는 邪道.

▌朝甚除 : 조정은 부정부패가 성행하다.
· 除 : 汚, 더럽다.

▌田甚蕪 倉甚虛 : 밭은 잡초가 무성하고, 창고는 텅 비었다.

▌服文綵 帶利劍 : 화려한 비단옷을 입고 예리한 칼을 차다.
· 文綵 : 화려한 비단옷

▌厭飲食 : 맛있는 음식을 싫증 나도록 먹다.

▌是謂盜夸 : 훔친 영화라고 하는 것이다.

▌非道也哉 : 어찌 道라고 할 수 있겠느냐?

하여금 使, 나 我, 작을 介, 그럴 然, 있을 有, 알 知, 갈 行, 어조사 於, 큰 大, 이치 道, 벌릴 惟, 사악할 施, 이 是, 두려울 畏, 심할 甚, 편안 夷, 백성 民, 좋을 好, 지름길 徑, 조정 朝, 더러울 除, 밭 田, 무성할 蕪, 곳집 倉, 빌 虛, 옷 服, 화려할 文, 비단 綵, 띠 帶, 예리할 利, 칼 劍, 싫을 厭, 마실 飲, 밥 食, 재화 財, 재화 貨, 남을 餘, 이를 謂, 훔칠 盜, 사치 夸, 아닐 非, 어조사 也, 어조사 哉

《해설》

道를 체득하려는 인심은 요원하고 도리를 잃어 부정부패를 일삼는 위정자를 비판한다. 道를 따라 나라를 다스려야지 邪道에 빠지는 것을 조심하라. 무위자연의 道는 생각하는 것보다 安夷한데 사람들은 샛길인 사도로 가려고 한다. 위정자는 부정부패를 일삼고, 창고는 텅텅 비었고, 세금에, 부역에, 전쟁에 의욕을 잃은 백성들은 자신들의 일에 열중할 수조차 없어 밭은 황폐하여 잡초만 무성하고, 위정자는 화려한 의복을 입고, 사치에 빠지고, 날카로운 칼을 허리에 차고 백성을 억압하고, 기아에 허덕이는 백성은 안중에도 없고, 맛있는 고량진미 음식은 물릴 정도이고, 재화는 남아도는데 이는 백성들을 등쳐 훔친 영화라고 하는 것이니 어찌 무위의 대도가 되겠는가?

人道는 부정적이며, 자의적이고, 부분적이고, 작위지만 大道는 공정하고, 긍정적이며, 전체적이고, 무위이며, 영원한 진리다.

54장　道로써 자신을 닦으면 그 德이 참된 것이다.

善建者 不拔 : 잘 세운 것은 뽑히지 않고,
善抱者 不脫 : 잘 감싸안은 것은 벗어나지 않으니,
子孫以祭祀不輟 : 자손의 제사가 끊이지 않을 것이다.

修之於身 其德乃眞 : 道로써 자신을 닦으면, 그 德이 참되고
修之於家 其德乃餘 : 道로써 가정을 닦으면, 그 德이 넉넉해지고
修之於鄕 其德乃長 : 道로써 고을을 닦으면, 그 德이 오래가고
修之於國 其德乃豊 : 道로써 나라를 닦으면, 그 德이 풍요롭고
修之於天下 其德乃普 : 道로써 천하를 닦으면, 그 德이 두루 미친다.

故 以身觀身 : 그러므로 修身한 몸으로써 몸을 살피고,
以家觀家 : 修家한 가정으로써 가정을 살피고,
以鄕觀鄕 : 修鄕한 고을로써 고을을 살피고,
以國觀國 : 修國한 나라로써 나라를 살피고,
以天下觀天下 : 天下로써 천하를 살펴야 한다.

吾何以知天下然哉 : 내가 어떻게 천하가 그러함을 알겠는가?
以此 : 바로 道로써 알 수 있다.

주

■善建者 不拔 : 道로써 잘 세운 집안은 무너지지 않고
·善建 : 무위자연의 道에 의해서 집안을 잘 세우는 것. 建德.

- 不拔 : 뽑히지 않고 견고한 것.
- 拔 : 뽑히다. 빼다. 建의 반대 의미

▌善抱者 不脫 : 道로 잘 감싸안은 자손은 벗어나지 않는다.

▌子孫 以祭祀不輟 : 자손이 대대로 제사를 그치지 않는다.

▌修之於家 : 道로써 가정을 닦으면
- 修 : 道를 체득하여 자신에게 활용하는 것.
- 之 : 道, 그것.

▌其德乃眞 : 德이 끝내 진실이 되다.   ·眞, 餘, 長, 豊, 普는 모두 道의 혜택

▌修之於家 其德乃餘 : 道로써 가정을 보살피면 그 德이 여유롭고

▌修之於鄕 其德乃長 : 道로써 마을을 보살피면 그 德이 오래간다.
- 乃長 : 끝내 오래 번성하다.

▌修之於國 其德乃豊 : 道로써 나라를 다스리면 그 德이 풍성할 것이다.

▌修之於天下 其德乃普 : 道로써 천하를 다스리면 그 德이 널리 미친다.
- 乃普 : 끝내 德이 두루 미치다.

▌故 以身觀身 : 그러므로 道로써 내가 나를 살필 수 있다.

▌以家觀家 : 道로써 가정이 가정을 살필 수 있다.

▌以鄕觀鄕 : 道로써 고을이, 고을을 살필 수 있다.

道 德 經/下篇・179

- **以國觀國** : 道로써 나라가 나라를 살필 수 있다.

- **以天下觀天下** : 道로써 세상이 세상을 살필 수 있다.

- **吾何以知天下然哉** : 내가 무엇으로써 세상이 그러함을 알겠는가?

- **以此** : 바로 道로써 할 수 있다.

▶ **建**자는 〈세우다〉, 〈일으키다〉라는 뜻을 가진 글자로 廴(길게 걸을 인, 행동)자와 聿(율)(붓 율)자가 결합한 모습이다. 聿은 붓을 세워서 글자를 쓰다에서 사물을 하나하나 〈차례를 정하다〉의 뜻이 되었다. 建은 〈법을 정하여 나라를 다스리다〉에서 물건을 〈세우다〉의 뜻이 되었다.

잘 할 善, 세울 建, 놈 者, 아니 不, 뺄 拔, 안을 抱, 벗을 脫, 아들 子, 손자 孫, 제사 祭, 제사 祀, 그칠 輟, 닦을 修, 그것 之, 몸 身, 그 其, 큰 德, 이에 乃, 참 眞, 집 家, 남을 餘, 고을 鄕, 나라 國, 풍성할 豊, 하늘 天, 아래 下, 널리 普, 그러므로 故, 살필 觀, 나 吾, 어찌 何, 그럴 然, 어조사 哉, 이것 此

《해설》

무위자연의 道를 제대로 習常하고 德(含德)의 효능을 강조한다. 한 개인이든, 가정이든 고을이든 무엇이든 근본이 제대로 서면 흔들리지 않고 번영하며 쉽게 사라지지 않고 영원하다. 道를 제대로 體得, 體知하면 뽑혀 나가지 않고, 벗어나지 않아 자손이 제사를 그치지 않을 것이다. 그 道로 수양하면 나 자신은 더욱 진실해지고, 가정은 여유롭고, 고을은 오래도록 번성하고, 나라는 풍족해지고, 천하는 덕이 널리 미칠 것이다. 그 닦은 道로써 나 자신, 가정, 마을, 나라를 살피도록 하라. 광대무변하고 무궁무진한 모든 것을 알 수 있고, 영원히 다스릴 수 있을 것이다.

55장 무엇이든 기세가 지나치면 쇠퇴하게 마련이다.

含德之厚 : 두터운 德을 간직한 자는
比於赤子 : 갓난아이와 같아서
蜂蠆虺蛇不螫 : 독충이나 벌, 전갈, 살무사, 뱀도 물지 않고,
猛獸不據 攫鳥不搏 : 맹수도 덤비지 않고, 날짐승도 할퀴지 못한다.
骨弱筋柔而握固 : 갓난아이는 근골은 연약하나 쥐는 힘은 강하다.
未知牝牡之合 : 남녀의 交合을 아직 모르지만,
而全作, 精之至也 : 발기하는 것은 정기가 지극하기 때문이다.
終日號而不嗄 : 종일 울어도 목이 쉬지 않는 것은
和之至也 : 조화가 지극하기 때문이다.

知和曰常 : 조화를 알면 常이라 하고,
知常曰明 : 상을 아는 것을 밝은 지혜라 한다.
益生曰祥 : 생명에 이로운 것을 祥이라 하고,
心使氣曰强 : 기를 부리는 것은 强이라고 한다.

物壯則老 : 만물은 너무 왕성하면 쇠퇴이니
謂之不道 : 이른바 道가 아니기 때문이다.
不道早已 : 道가 아니면 머지않아 끝난다.

■ 含德之厚 : 德을 넉넉하게 가진 사람

▮蜂蠆虺蛇不螫 : 벌 전갈 독사가 쏘지 않는다.

▮猛獸不據 : 맹수가 붙잡지 못하다.

▮攫鳥不搏 : 사나운 새도 공격하지 못하다.
·搏 : 공격하다. 찾아내어 붙잡다.

▮未知牝牡之合 : 남녀의 교합을 아직 어려서 모른다.

▮全作 : 생식기가 발기하다. 온전하게 힘을 쓰다.
·全 : 어린 남자아이 성기. 朘.
·作 : 발기하다. 起

▮精之至也 : 정기가 지극하다.

▮終日號而不嗄 : 온종일 울부짖어도 목이 쉬지 않다.
·號 : 울다. 울부짖다.

▮和之至 : 조화가 지극한 상태

▮知和曰常 : 조화를 아는 것은 常(변함없는 道)이라 하다.
·和 : 道를 체득한 자의 자세.

▮知常曰明 : 불변의 道를 아는 것을 지혜라고 한다.

▮益生曰祥 : 생명에 유익하게 하는 것은 祥이다.

▮心使氣曰强 : 기를 부리는 것을 强이라고 한다.

■ 物壯則老 : 만물은 기세가 너무 왕성하면 곧 쇠퇴하다

■ 是謂不道 : 道에 어긋난다고 한다.
· 不道 : 道에 어긋난다. 道가 아니다.

■ 不道早已 : 자연의 道에 어긋나면 금방 그치고 만다. 곧 끝난다.

▶ 含자는 今(이제 금)자와 口(입 구)자가 결합한 모습으로 今자는 입안에 무언가를 머금고 있는 모습이다. 본래의 의미는〈머금다〉였으나 후에 今자가〈이제〉,〈지금〉이라는 뜻으로 假借(가차)되면서 여기에 口자를 더한 含자가〈머금다〉라는 뜻을 대신하게 되었다.

품을 含, 큰 德, 조사 之, 도타울 厚, 견줄 比, 어조사 於, 벌 蜂, 전갈 蠆, 살무사 虺, 뱀 蛇, 쏠 螫, 사나울 猛, 짐승 獸, 잡을 據, 사나울 攫, 새 鳥, 사납게 공격할 搏, 뼈 骨, 약할 弱, 힘줄 筋, 부드러울 柔, 그리고 而, 쥘 握, 굳을 固, 아닐 未, 암컷 牝, 수컷 牡, 합할 合, 어린 남자아이 성기 全, 발기할 作, 정기 精, 지극할 至, 끝날 終, 큰 소리로 울 號, 목쉴 嗄, 화할 和, 가로 曰, 항상 常, 알 知, 밝을 明, 더할 益, 재앙 祥, 하여금 使, 기운 氣, 굳셀 强, 만물 物, 씩씩할 壯, 곧 則, 노쇠할 老, 이 是, 일컬을 謂, 이를 早, 그칠 已

※ 해설 ※

老子는 道의 무지, 무욕의 최상의 경지를 어린아이라고 규정하고 이 어린아이와 같은 경지로 되돌아가는 것이야말로 道에 귀의하는 것이라고 강조한다. 德을 마음 깊이 간직하고(含德) 있는 사람은 마치 갓 태어난 천진난만한 어린아이와 같다. 동물들, 벌, 전갈, 독사, 맹수, 사나운 새 등도 상해를 주지 않는다. 어린아이는 근골은 유약하여도, 주먹 쥐는 힘만은 아주 강하고, 남녀의 교합도 아직 모르는 나이지만 성기가 발기하고 온종일 울어도 목이 쉬지 않는데 이것은 정기가 지극히 조화를 완전히 이뤄져 있기 때문이다.

함덕은 정기의 조화를 이룬 것이니 이런 조화를 자각하고 절대의 지혜인 道를 마음속 깊이 간직하라. 오래 살려고 억지 부리지 말라. 그것은 불길한 징조이니 자연스럽게 하라. 우주 만물은 지나치게 강대해지면 곧 쇠퇴하는 법인데 이는 무위자연의 道에 어긋나고 곧 그 길이 막히고 끝나는 법이다.

56장 참으로 아는 사람은 말하지 않는다.

知者不言 : 제대로 아는 자는 말하지 않고,
言者不知 : 안다고 말하는 자는 제대로 알지 못한다.

塞其兌 : 道를 아는 자는 감각적인 구멍을 막고
閉其門 : 정욕의 문을 닫고,
挫其銳 : 예리한 감각을 꺾고
解其紛 : 감각으로 일어난 갈등을 풀고,
和其光 : 번쩍이는 영지는 조화시켜,
同其塵 : 티끌과 동화된다.
是謂玄同 : 이것을 현묘함과 동화된다고 한다.

故不可得而親 : 그러므로 친할 수도 없고,
不可得而疎 : 멀리할 수도 없고,
不可得而利 : 이롭게 할 수도 없고,
不可得而害 : 해롭게 할 수도 없고,
不可得而貴 : 귀하게 할 수도 없고,
不可得而賤 : 천하게 할 수도 없으니
故 爲天下貴 : 그래서 道의 체득은 천하에서 가장 귀하다.

▮知者不言 : 참으로 도를 잘 아는 자는 말을 내세우지 않는다

■ 言者不知 : 자기주장을 유별나게 내세우는 자는 道를 모른다.

■ 塞其兌 : 감각기관을 막다. 감각의 노예가 되지 않다.
· 其 : 道를 체득한 자.
· 兌 : 감각. 인간의 감각기관을 말한다.

■ 閉其門 : 정욕의 문을 닫다.
· 其 : 兌, 銳, 光
· 門이란 감각기관이 느끼는 정욕을 말한다.

■ 挫其銳 : 지혜의 날카롭고 예민한 것을 꺾다.
· 銳 : 과민하게 반응하는 감각, 감정, 욕망 등

■ 解其紛 : 뭉친 것, 번뇌를 풀다. 갈등을 해소하다.

■ 和其光 : 영지를 조화롭게 하다.

■ 同其塵 : 더럽혀진 것과 동화되는 것.
· 塵 : 세속, 자기 영지와 재주를 더럽히는 것

■ 是謂玄同 : 자연의 道와 하나 되는 것이 〈玄同〉

■ 故 不可得而親 : 道와 현묘한 합일을 이룬 자는 친할 수 없다.

■ 故 爲天下貴: (道의 체득은) 가장 가치 있는 귀한 존재가 된다.

알 知, 놈 者, 아니 不, 말씀 言, 막을 塞, 그 其, 감각 兌, 닫을 閉, 문 門, 꺾을 挫, 날카로울 銳, 풀 解, 어지러울 紛, 화할 和, 빛 光, 같을 同, 티끌 塵, 이 是, 일컬을 謂, 미묘할 玄, 그러므로 故, 가할 可, 얻을 得, 조사 而, 친할 親, 트일 疏, 이로울 利, 해칠 害, 귀할 貴, 천할 賤, 될 爲, 아래 下, 귀할 貴

해설

진정으로 道를 체득하여 玄同의 경지에서 살라고 한다. 진정으로 도를 깨달은 사람은 섣불리 말하지 않는다. 말이란 생각을 제한하고 왜곡할 수 있으므로 깊은 깨달음은 침묵 속에서 이뤄진다.

만물이 '無爲'임을 아는데 어찌 앎을 주장할 수 있고, 부질없는 감정의 노예인 욕망을 억누르고 닫는다면 온갖 갈등을 줄어들고 풀어진다. 道를 체득한 자는 영지의 빛을 삼가하고 그 빛을 더럽히는 자들과 동화하여 하나가 된다. 이는 老子철학의 뿌리요, 근본인 道와 합일자인 현동의 경지가 돼야 한다. 그와 親疏가 없고, 利害를 줄 수도 없고, 貴賤도 없으니 道와 합일한 사람이야말로 천하에서 제일 소중한 존재가 된다.

57장 법이 많으면 많을수록 도둑은 늘어난다.

以正治國 : 正義로 나라를 다스리고,
以奇用兵 : 기략으로 군대를 활용하고,
以無事取天下 : 무사로써 천하를 취해야 한다.

吾何以知其然哉 : 내가 무엇으로 그 까닭을 알겠는가?
以此 : 무위자연의 道로 안다.

天下 多忌諱 : 천하에 규제가 많으면
而民彌貧 : 백성들은 더욱 가난해지고,
民多利器 : 백성들에게 이기가 많아지면,
國家滋昏 : 나라는 더욱 혼란해지고,
人多伎巧 : 백성들이 기교가 많아지면,
奇物滋起 : 기이한 물건이 더욱더 생기고,
法令滋彰 : 법령이 밝아질수록,
盜賊多有 : 도둑은 더욱 들끓는다.

故 聖人云 : 그러므로 성인이 말씀하시기를
我無爲而民自化 : "내가 무위이면 백성은 저절로 감화되고,
我好靜而民自正 : 내가 고요하면 백성은 스스로 바르고,
我無事而民自富 : 내가 무사하면 백성은 자연히 부유하고,
我無欲而民自樸 : 내가 무욕이면 백성은 저절로 순박하다."고 했다.

■ 以正治國 : 正義로 나라를 다스리다.

■ 以奇用兵 : 기발한 계략으로 군대를 활용하는 것.
· 用兵 : 군대를 부림. 군대를 활용하는 것.

■ 以無事取天下 : 무사(무위)로 천하를 지배하다.
· 無事 : 무위로 일을 처리하는 것. 일 없음.

■ 吾何以知其然哉 : 내가 그 연유를 어떻게 알겠는가?

■ 以此 : 이것(무위자연)으로써

■ 天下 多忌諱 : 천하에 법령이 많다.
· 忌諱 : 법령 또는 기피하고 싫어하는 것. 금기사항

■ 而民彌貧 : 백성은 더욱 가난해진다.

■ 民多利器 : 백성들에게 문명의 이기가 많다.

■ 國家滋昏 ; 국가가 점점 혼란스러워진다.
· 滋 : 彌. 점점, 더욱.

■ 人多伎巧 : 백성의 기교가 발달하다.

■ 奇物滋起 : 기이한 물건이 점점 많아지다.

■ 法令滋彰 : 법령이 점점 제정될수록.

- **盜賊多有** : 도둑이 많아진다.

- **我無爲而民自化** : 내가 무위로 대하면 백성은 저절로 교화되고,

- **我好靜而民自正** : 내가 고요하면 백성은 저절로 바르고

- **我無事而民自富** : 내가 무사이면 백성은 저절로 부유해진다.

- **我無欲而民自樸** : 내가 무욕이면 백성은 저절로 순박해진다.

- **樸** : 통나무, 자연 그대로, 생긴 그대로.

☞ 老子는 樸을 순수함, 순백함, 자연적인 것 등의 뜻으로 썼다.

▶ 治자는 〈다스리다〉, 〈질서가 잡히다〉의 뜻이다. 水(물)자와 台(별)자가 결합한 모습이다. 台자는 〈수저를 입에 가져가는 모습〉을 그린 것이다. 그래서 台자가 다른 글자와 결합할 때는〈먹이다〉의 뜻이다. 농경사회에서 治자는 물을 다스려 백성들을 먹여 살린다는 의미에서 〈다스리다〉의 뜻이 되었다.

써 以, 바를 正, 다스릴 治, 나라 國, 기이할 奇, 쓸 用, 병력 兵, 취할 取, 일 事, 하늘 天, 나 吾, 어찌 何, 알 知, 그 其, 그럴 然, 어조사 哉, 이 此, 많을 多, 꺼릴 忌, 꺼릴 諱, 백성 民, 더욱 彌, 가난할 貧, 이로울 利, 그릇 器, 집 家, 더욱 滋, 어두울 昏, 재주 伎, 기교 巧, 일어날 起, 법 法, 시킬 令, 드러낼 彰, 훔칠 盜, 도적 賊, 있을 有, 그러므로 故, 성인 聖, 이를 云, 나 我, 할 爲, 스스로 自, 될 化, 좋을 好, 고요 靜, 부유할 富, 욕심 欲, 본디대로 樸

《 해설 》

일체의 인위적인 문화적, 사회적 가치를 부정한다. 老子는 爲, 文, 知를 부정하고 무위

자연의 효능, 가치에 대해 주장한 것으로 나라의 다스림은 바름으로, 용병은 기발함으로, 천하의 다스림은 무위로 하라. 법전이 두꺼워지고, 규제가 많아지고, 문명의 이기가 발달할수록 백성은 살기 힘들어진다. 백성이 잘먹고 잘사는 진정한 평화와 안위를 위해서 위정자가 갖추고 추진해야 할 것은 자연의 道에 입각한 무위, 무사의 정치를 해야만 만백성이 저절로 행복해진다. 온 백성의 행복도 오직 무위자연의 道에 귀의하는 것임을 강조한다.

58장 재앙은 복이 기댄 것이고, 복은 재앙이 숨은 것이다.

其政悶悶 其民淳淳 : 정치가 어리숙하면, 백성이 순박해지고
其政察察 其民缺缺 : 정치가 깐깐하면, 백성이 교활해진다.

禍兮福之所倚 : 재앙은 복이 기댄 것이고
福兮禍之所伏 : 복은 재앙이 숨은 것이니
孰知其極 : 누가 화복의 끝을 알겠는가?

其無正 : 절대적으로 옳은 것은 없고
正復爲奇 : 옳은 것이 기이한 것이 되기도 하고,
善復爲妖 : 착한 것이 간사해지기도 하니,
人之迷 其日固久 : 인류가 미혹된 지 참으로 오래되었다.

是以 聖人 : 이 때문에 성인은
方而不割 : 백성이 방정하다고 상하게 하지 않고
廉而不劌 : 청렴하다고 해도 인색하지 않고
直而不肆 : 곧다고 해도 방자하지 않고
光而不耀 : 빛나지만 자랑하지 않는다.

▌其政悶悶 : 정치가 제대로 확립되지 않은 모호한(어수룩한) 상태.
· 悶悶 : 모호하다. 어둡다. 깨닫지 못하다.

■ 其民淳淳 : 백성은 순박하다.
· 淳淳 : 순박하고 인정이 많다.

■ 其政察察 : 정치가 철저한 상태.
· 察察 : 빈틈없고 철저하다. 깐깐하다.

■ 其民缺缺 : 법령과 이기로 백성이 순박함이 없고 교활하다.
· 缺缺 : 순박한 것이 없다. 교활하다.

■ 禍兮福之所倚 : 화는 복이 기댄(의지하는) 바이다.
· 倚 : 依, 의지하다.

■ 福兮禍之所伏 : 복은 화가 숨은(잠복한) 바이다.

■ 孰知其極 : 어느 누가 그 끝을 알겠는가.
· 極 : 끝(端, 末), 다하다. 끝나다.

■ 其無正 : 정상적인 것이 없다.

■ 正復爲奇 : 올바르던 것이 기이한 것이 되다.

■ 善復爲妖 : 훌륭하던 것이 괴상스러운 것이 되다.

■ 人之迷 : 사람들이 미혹되다.

■ 其日固久 : 날이 진실로 오래되었다.

■ 方而不割 : 자신이 방정하다고 해서 자르지 않다.

道 德 經/下篇 • 193

■ 廉而不劌 : 청렴하다고 해서 남을 깎아 내리지 않다.

· 劌 : 칼로 깎다. 인색하다. 위협한다, 칼로 상처를 입히다.

■ 直而不肆 : 정직하지만 방자하지 않다.

■ 光而不燿 : 지혜는 있지만 자랑하지 않다.

· 燿 : 뻐기고 자랑하는 것. 눈부시다.

▶ 政자는 正(바를 정) + 攵(칠 복)이 결합한 모습으로 城을 향해 진격하는 모습을 그린 것으로 〈바르다〉라는 뜻을 갖고 있다. 이렇게 〈바르다〉라는 뜻을 가진 正자에 攵자가 결합하여 〈바르게 잡는다〉라는 의미에서 〈다스리다〉, 〈정사〉라는 뜻이 되었다.

그 其, 다스릴 政, 어수룩할 悶, 백성 民, 순박할 淳, 살필 察, 이지러질 缺, 불행 禍, 어조사 兮, 복 福, 갈 之, 의지할 倚, 숨을 伏, 누구 孰, 알 知, 다할 極, 없을 無, 다시 復, 할 爲, 기이할 奇, 착할 善, 악할 妖, 미혹할 迷, 진실로 固, 오래 久, 이 是, 써 以, 성인 聖, 방자할 方, 해칠 割, 곧을 廉, 상처줄 劌, 곧을 直, 방자할 肆, 빛 光, 자랑할 燿

《해설》

무위정치와 인위정치를 비교하는 장이다. 인위적으로 정치의 기강이 완전히 확립되면 백성은 순수함을 잃게 된다. 법전이 두꺼워지면 질수록 백성은 그걸 교묘하게 기피할 방법을 찾아 빠져나가려고만 한다. 불행이란 행복의 원인이요, 행복은 또한 불행이 잠복된 것이니 누가 그 행, 불행의 결말을 알겠는가. 세상일이란 절대성이 있는 것이 아니다. 그래서 正이 奇가 되고 善은 妖가 되기도 한다. 이런 상대적인 진리가 상실된 지 이미 오래되었다. 위대한 지도자는 자신이 옳다고 사람들을 해치지 않고, 자신이 청렴하다고 방자하지 않으며, 자신이 지혜롭다고 자랑하지 않는다. 오직 大道는 영원한 진리요, 무위에서 백성이 편안할 수 있음을 강조한다.

59장 德을 많이 쌓으면 이기지 못할 것이 없다.

治人事天 : 사람을 다스리고 하늘을 받드는데,
莫若嗇 : 검약하는 것보다 나은 것이 없다.

夫唯嗇 是以早服 : 대저 검약이란 早服(일찍이 道를 따르는 것)이며
早服 謂之重積德 : 일찍이 道를 따르면 德을 두텁게 쌓는 것이다.

重積德 則無不克 : 德을 두텁게 쌓으면 쌓을수록 극복하지 못할 게 없다.
無不克 則莫知其極 : 극복하지 못할 게 없으니 누구도 그 끝을 알지 못한다.
莫知其極 可以有國 : 그 끝을 알 수 없으니 나라를 보존할 수 있다.

有國之母 可以長久 : 나라에 어머니(道)를 가지면 이것은 영원할 것이다.

是謂 深根固柢 : 이를 일러 뿌리가 깊고 바탕이 튼튼하다고 한다
長生久視之道 : 영원히 사라지지 않는 道인 것이다.

▎治人事天 : 사람을 다스리고 하늘을 섬긴다.

▎莫若嗇 : 검소함 만한 것이 없다.

▎是謂早服 : 일찍이 道에 복종하는 것을 〈早服〉이라 한다.
· 早服 : 일찍 道에 복종하는 것. 즉 嗇을 말한다.

道 德 經/下篇 · 195

■ 重積德 : 거듭하여 덕을 짓는 일.
· 重 : 거듭하다.

■ 無不克 : 극복하지 못할 것이 없다.

■ 莫知其極 : 그 끝을 알 수 없다. 무한하다. 영원하다.

■ 可以有國 : 나라를 소유할 수 있다.

■ 有國之母 : 나라를 소유하는 어머니 격

■ 深根固柢 : 뿌리를 깊고 튼튼하게 하다.

■ 長生久視之道 : 오래 살아 길게 道를 볼 수 있다.

▶ 事자는 갑골문이 등장했던 시기에 使(부릴 사)자와 史(역사)자, 事(일)자, 吏(관리)자는 모두 같은 글자였다. 事자는 그중에서도 정부 관료인 〈사관〉을 뜻했다. 사관은 신에게 지내는 제사를 주관했기 때문에 事자는 제를 지내고 점을 치는 주술 도구를 손에 쥔 모습으로 그려졌다. 후에 글자가 분화되면서 事자는 〈일〉, 〈직업〉이라는 뜻이 되었다.

다스릴 治, 사람 人, 섬길 事, 하늘 天, 없을 莫, 같을 若, 아낄 嗇, 무릇 夫, 이 是, 써 以, 일찍 早, 따를 服, 이를 謂, 갈 之, 거듭 重, 쌓을 積, 큰 德, 곧 則, 없을 無, 아니 不, 이길 克, 없을 莫, 알 知, 그 其, 다할 極, 옳을 可, 있을 有, 나라 國, 어미 母, 깊을 深, 뿌리 根, 굳을 固, 뿌리 柢, 길 長, 오래 久, 볼 視, 이치 道

《해설》

治人事天의 근본은 절제와 검약에 있다. 성인의 무위 정치 즉 〈嗇〉의 뜻을 가지고 치인사천하라고 한다. 治人은 治民이며 治世다. 事天이란 자신을 다스려 無欲, 無事의 경지에서 虛靜, 염담(恬淡)의 마음으로 道에 부복하는 것이요, 積德하는 것이다. 적덕은 모든 것을 할 수 있는 무한한 능력을 가진다. 그래야만 치민, 치국, 치세할 수 있는데 그 어머니는 바로 嗇이고 그 색은 영원하다. 색은 농부가 곡식을 거둬서 저장함(收藏)을 의미하며 穡과 통한다. 이 곡식을 아끼고 또 아끼는 것, 허비하지 않고 적재적소에만 사용하는 절약이요, 검소하고 소박한 쓰임이다, 심지어 吝嗇(인색)하다의 의미로도 쓰인다. 좋은 지도자는 조복하여 적덕(積德)해야만 색의 정치가 가능하니 위정자들이여 정치도 이런 농부들의 색의 방식으로 하라는 것이다. 색의 마음으로 다스림은 결국 道에 합당하고, 道의 근원에 복귀하는 방법이며, 하늘을 섬김과 동시에 德을 쌓는 길이며 튼튼한 뿌리를 가진 셈이니 나라를 다스리는 길, 치인사천의 길이기도 하다.

60장 道로써 세상을 다스리면
귀신도 신통력을 발휘하지 못한다.

治大國若烹小鮮 : 대국을 다스림은 마치 작은 생선을 굽는 것과 같다.

以道莅天下 其鬼不神 : 道로써 천하를 다스리면 귀신도 신통력을 발휘하지 못한다.

非其鬼不神 : 귀신도 신통력을 발휘하지 못하는 게 아니라.

其神不傷人 : 그 신통력도 백성을 해칠 수 없는 것이다.

非其神不傷人 : 신통력도 백성을 해치지 못할 뿐 아니라

聖人 亦不傷人 : 성인 역시 백성을 해치지 못한다.

夫兩不相傷 : 귀신과 성인도 백성을 서로 해치지 못하므로

故 德交歸焉 : 덕이 모두 백성에게 돌아간다.

▌治大國 若烹小鮮 : 대국을 다스림은 작은 물고기를 굽는 것 같다.
　·小鮮 : 작은 물고기.

▌以道莅天下 : 道로써 천하에 임하다.
　·莅天下 : 治天下
　·莅 : 治, 臨, 다다르다.

▌其鬼不神 : 귀신이 신통력을 잃다.

- **其神不傷人** : 귀신의 신통력이 백성을 상하게 하지 않다.

- **夫兩不相傷** : 귀신과 성인이 백성을 상하게 하지 않다.
  - 兩 : 귀신과 성인을 의미.

- **故德交歸焉** : 귀신과 성인의 德이 차례로 백성에게 되돌아간다.
  - 歸 : 德이 모두 백성에게로 돌아가다.

다스릴 治, 나라 國, 같을 若, 물고기 鮮, 삶을 烹, 작을 小, 써 以, 이치 道, 임할 莅, 그 其, 귀신 鬼, 귀신 神, 아닐 非, 상할 傷, 사람 人, 무릇 夫, 두 兩, 서로 相, 그러므로 故, 큰 德, 서로 交, 돌아갈 歸, 이에 焉

《해설》

위정자의 치국 태도와 정신을 강조한 장이다. 한 나라를 다스림에 기교, 술책, 그리고 법령으로 억압하지 말고, 작은 물고기를 요리하듯 신중히 하고, 무위 정치, 간섭 없는 통치로 조심한다면 신통력을 부리는 귀신조차도 백성을 괴롭힐 수 없다. 그러니 귀신도 성인도 모두 백성을 해칠 수 없으니 그 德이 모두 백성에게 돌아가 풍족한 생활을 한다는 주장이다.

61장  암컷은 항상 고요하여 수컷을 이기고, 고요로써 겸하한다.

大國者 下流 : 대국은 하류와 같아서
天下之交 天下之牝 : 천하 만물이 만나는 곳이고, 천하의 암컷이다.

牝常以靜勝牡 : 암컷은 항상 고요함으로 숫컷을 이기고
以靜爲下 : 고요함으로써 겸하하기 때문이다.

故 大國 以下小國 : 그러므로 대국은 소국에게 겸손하면
則取小國 : 소국을 취하고
小國以下大國 則取大國 : 소국이 대국에 겸손하면 대국을 취한다.

故 或下以取 : 그러므로 겸손하면 취하기도 하고
或下而取 : 겸손하면 취해지기도(보호받기도) 한다.

大國 不過欲兼畜人 : 대국은 백성을 늘려 기르려 할 뿐이고
小國 不過欲入事人 : 소국은 (대국에 들어가) 백성을 섬길 뿐이다.
夫兩者 各得其所欲 : 두 나라가 각기 원하는 바를 얻으려면
大者 宜爲下 : 대국이 마땅히 겸손해야 한다.

주

▎**大國者 下流** : 대국은 강물이 모이는 하류와 같다.

▎**天下之交** : 모든 물이 다 함께 만난다.

▌天下之牝 : 천하의 모든 것을 탄생시키는 암컷이다.

· 牝 : 포용력. 여성.

▌牝常以靜勝牡 : 암컷은 언제나 모든 것을 생성하는 근원인 靜으로 수컷을 이긴다.

▌以靜爲下 : 근원인 靜으로써 아래가 된다.

▌大國以下小國 : 대국이 소국에게 겸손하면

▌取小國 : 소국의 신뢰를 얻어 나라를 취하다.

▌或下而取 : 언제나 대국이 겸손하여 신뢰를 얻다.

▌不過 兼畜人 : (대국은) 백성을 기를 뿐이다. 욕심부리지 않고 동시에 백성을 기르려는 것이다.

▌小國 不過 欲入事人 : 소국은 백성들을 섬길 뿐이다. 소국은 대국에 들어가 과욕을 부리지 않고 백성들을 섬길 뿐이다.

▌夫兩者 : 대국과 소국

▌各得其所欲 : 대국과 소국은 각자 원하는 바를 얻다.

▌大者宜爲下 : 마땅히 큰 쪽이 아래가 되어야 한다.

▶ 勝자는 朕(나)+力(힘)자가 결합한 모습이다. 朕자에 力자가 더해진 勝자는 나라를 이끌어가는 천자가 힘을 발휘한다는 뜻을 표현한 것이다. 즉 勝자는 싸움에서 이기거나 나라를 훌륭하게 만든다는 의미에서 〈이기나〉,〈뛰어나다〉,〈훌륭하다〉라는 뜻을 갖게 되었다.

큰 大, 나라 國, 놈 者, 아래 下, 흐를 流, 하늘 天, 조사 之, 사귈 交, 암컷 牝, 항상 常, 써 以, 고요 靜, 이길 勝, 수컷 牡, 모을 取, 언제나 或, 지날 過, 하고자 할 欲, 아울러 兼, 기를 畜, 마땅 宜

해설

老子의 정치철학을 논한 것으로 以牝勝牡와 以靜爲下를 기본으로 나라를 다스리라는 주장으로 牝性의 靜肅(정숙)을 강조한다. 겸하의 여성과 강인한 남성을 소국과 대국으로 비유하여 설명한다. 당시 전국시대의 수없이 많은 나라가 부침하던 세태를 반영한다. 소국이 모여 대국을 이루니 하류와 같이 대국은 소국을 너그럽게 수용하라. 대국이라 하여 인위적인 약육강식, 부국강병이 나라를 유지하고 지키는 것이 아니라 〈무위〉 자연의 원리로, 만물의 근원인 牝의 특성인 고요와 겸손(以靜爲下)을 강조한다. 以靜이란 牝性의 특성으로, 겸손하고 아래에 위치하면서 勝牡한다. 이 牝性처럼 나라를 다스려야라. 그래야 나라와 대소국 간에는 평화와 번영을 할 수 있다는 주장이다. 대국은 언제나 겸손함으로써(靜下) 소국을 껴안아 보살피면 취천하하여 훌륭히 다스릴 수 있고, 소국도 겸하한다면 대국의 굳건한 신뢰를 얻어 온 천하가 만족할 것이라고 주장한다.

62장 道는 만물의 오묘한 근원이다.

道者 萬物之奧 : 道는 만물의 오묘한 근원이며
善人之寶 : 선인은 道를 보배로 삼고
不善人之所保 : 불선인도 道를 보존해야 한다.

美言 可以市 : 좋은 말은 널리 퍼져 입에 오르내리고
尊行 可以加人 : 존경받을 행동은 남에게 보탬이 된다.
人之不善 何棄之有 : 사람의 착하지 못한 점을 어찌 버릴 수 있겠는가?

故 立天子 置三公 : 그래서 천자를 세우고 재상을 둘 때
雖有拱璧以先駟馬 : 비록 축하의 玉을 마차에 앞세워 바치느니
不如坐進此道 : 道를 진상하는 것이 더 낫다.

古之所以貴此道者 何 : 예로부터 이 道를 귀히 여긴 까닭은 무엇인가?
不曰以求得 有罪以免耶 : 구하면 얻을 것이요 죄를 지어도 면한다고 하지 않았는가?
故 爲天下貴 : 그러므로 道는 세상에서 가장 귀하게 여기는 것이다.

▌道者 萬物之奧 : 道는 만물의 근원이다.
　· 奧 : 속(內), 보이지 않고 숨겨진 존재의 심오한 근원.

▌善人之寶 : 선인에게는 소중한 보배 같다.

▌不善人之所保 : 악인에게도 고이 간직하는 보배.
· 保 : 보(寶), 지키다. 보존하다.

▌美言 可以市 : 좋은 말은 널리 퍼지다.

▌尊行 可以加人 : 존경받을 행동은 많은 사람에게 도움이 된다.
· 以加人 : 남에게 도움이 되다. 혜택이 되다.

▌何棄之有 : 버릴 것이 뭐가 있겠느냐?

▌置三公 : 三公을 두다. 중국 주나라 관제.
· 三公 : 태사, 태부, 태보를 말한다.

▌拱璧 : 한 아름이나 되는 큰 구슬 보배.
· 拱 : 두 손을 맞잡다. 한 아름.

▌以先駟馬 : (보물을 실은) 사두마차를 앞세운다.
· 駟馬 : 사두마차. 네 마리가 끄는 마차.

▌坐進此道 : 앉아서 道에 진력하는 것.
· 進 : 道나 善으로 나가는 것

▌不曰求以得 : 애써 구하면 道를 얻을 수 있다고 말하지 않았느냐?

▌有罪以免耶 : 죄가 있지만, 道에 의해 용서받는다.

▌故 爲天下貴 : 따라서 道가 세상에서 가장 소중한 것이다.

이치 道, 일 者, 온갖 萬, 만물 物, 조사 之, 속 奧, 착할 善, 보배 寶, 지킬 保, 아름다울 美, 말씀 言, 가할 可, 써 以, 소문날 市, 높을 尊, 더할 加, 어찌 何, 버릴 棄, 설 立, 둘 置, 공적 公, 비록 雖, 두 손 맞잡을 拱, 아름다운 옥 璧, 사마 駟, 앉을 坐, 나갈 進, 말할 曰, 구할 求, 얻을 得, 죄 罪, 면할 免, 어조사 耶, 귀할 貴

《해설》

道는 만물의 오묘한 진리이고 깊은 곳에 내재되어 있다. 道는 사람의 경우에도 선악인을 가릴 것 없이 보배 같은 것이다. 훌륭한 말이나 존경스러운 행위는 널리 퍼져 뭇사람들에게 큰 보탬이 된다. 심지어 나라를 세울 때도 삼공을 임명하는 임금에게 그 어떤 값비싼 보물보다 道를 진상하는 것이 최고의 선물이 될 것이다. 道를 이처럼 소중하게 여기는 까닭은 道로써 구하면 모든 걸 다 얻게 되고, 죄를 지어도 면할 수 있기 때문이다. 이처럼 道는 궁극적 근원이요, 만물을 포용하는 존재이다.

63장 큰일은 사소한 데서 시작된다.

^{위무위} ^{사무사} ^{미무미}
爲無爲 事無事 味無味 : 무위를 행하고, 무사로 일하고, 무미를 맛본다.

^{대소다소 보원이덕}
大小多少 報怨以德 : 큰 것을 작게 하고, 많은 것을 적게 하고 원한은 덕으로 갚고

^{도난어기이}
圖難於其易 : 어려운 일은 반드시 쉬울 때 도모하고

^{위대어기세}
爲大於其細 : 큰일은 반드시 사소할 때 처리한다.

^{천하난사 필작어이}
天下難事 必作於易 : 천하의 어려운 일은 반드시 쉬운 데서 시작되고

^{천하대사 필작어세}
天下大事 必作於細 : 모든 큰일은 반드시 작은 데서 시작된다.

^{시이 성인 종불위대}
是以 聖人 終不爲大 : 이래서 성인은 끝내 큰일을 하려고 하지 않는다.

^{고 능성기대}
故 能成其大 : 그래서 능히 큰일을 이룩할 수 있다.

^{부경낙 필과신}
夫輕諾 必寡信 : 가벼운 승낙은 반드시 믿음이 적고

^{다이 필다난}
多易 必多難 : 쉽게 여길수록 반드시 어려움이 많다.

^{시이 성인유난지}
是以 聖人猶難之 : 이래서 성인은 오히려 (쉬운 일도) 어렵게 여기기 때문에

^{고 종무난의}
故 終無難矣 : 끝내 어려움이 없다.

^{위무위}
▌爲無爲 : 무위자연의 道를 행하다. 행함에 작위가 없다.

^{사무사}
▌事無事 : 無事란 無爲之事, 즉 作爲나 人爲가 아닌 無爲, 無心한 행동. 일하는데 작위의 일이 없다.

^{미무미}
▌味無味 : 맛없는 음식을 맛보다. 맛을 냄에 작위의 맛이 없다.

☞ 無爲, 無事, 無味는 道를 터득한 성인의 태도.

▎大小多少 報怨以德 : 크든 작든, 많든 적든, 원한은 덕으로 갚는다.

☞ 大小多少 : 〈작은 것을 크게 하고 적은 것을 많게〉보다는 〈크든 작든 많든 적든〉이 문맥상 좋을 것 같다.

▎報怨以德 : 원한을 德으로 갚다.

▎圖難於其易 : 어려운 일을 쉬운 것부터 도모하다.

▎必作於易 : 꼭 쉬운 일에서 생긴다.

▎終不爲大 : 결국 큰일을 하려고 하지 않다.

▎能成其大 : 큰 것을 이룰 수 있다.

▎輕諾必寡信 : 가벼운 승낙이란 믿음이 부족한 것이다.

▎多易必多難 : 쉬운 것이 많으면 반드시 어려움이 많다.

▎猶難之 : 오히려 어렵다.

☞ 猶는 일반적으로 〈오히려〉라는 뜻의 부사이다. 〈여전히〉, 〈또한〉, 〈아직도〉 등의 뜻이 있으며 〈오히려〉 尙과 뜻이 일치한다.

▶怨자는 〈원망하다〉, 〈미워하다〉라는 뜻을 가진 글자이다. 怨자는 夗(누워 뒹굴 원) + 心(마음 심)이 결합한 모습이다. 夗자는 〈달이 뜬 어두운 밤에 뒹구는 모습〉을 표현한 것이다. 怨자는 너무도 분하고 원통하여 바닥을 뒹굴 정도(夗)의 심정(心)이라 뜻을 표현하고 있다.

할 爲, 없을 無, 일 事, 맛볼 味, 큰 大, 작을 少, 갚을 報, 원망할 怨, 써 以, 큰 德, 꾀할 圖, 어려울 難, 어조사 於, 그 其, 쉬울 易, 가늘 細, 이 是, 반듯 必, 일어날 作, 끝 終, 능할 能, 이룰 成, 무릇 夫, 가벼울 輕, 승낙할 諾, 적을 寡, 믿을 信, 많을 多, 오히려 猶, 어조사 矣

《해설》

道를 체득한 성인의 인생을 살아가는 태도를 설하면서 성인은 모든 것을 할 때 인위나 작위가 아닌 〈無爲, 無事, 無味〉로 처세의 근본을 세운다. 원한이나 원망이 있으면 크든 작든 이를 원한으로 되갚지 말고 덕으로 보답한다. 일 처리는 어려운 것은 쉬운 것부터, 큰일은 사소한 것부터 도모해야 한다. 승낙을 함부로 쉽게 하면 신중하고 돈독한 믿음이 약한 것이며 쉬운 일도 어려움이 따르게 된다. 따라서 지도자는 모든 일에 신중하고 어렵다고 생각하므로, 큰일을 해도 어려움이 없이 잘 처리할 수 있다는 것을 주장한다.

64장 처음처럼 끝까지 신중하면 일에 실패가 없다.

其安易持 : 안정된 것은 유지하기 쉽고
其未兆易謀 : 조짐이 나타나지 않을 때 도모하기 쉽고
其脆易泮 : 무르면 녹기 쉽고
其微易散 : 미세하면 흩어지기 쉽다.
爲之於未有 : 문제가 생기기 전에 처리하고
治之於未亂 : 혼란하기 전에 다스려라.

合抱之木 生於毫末 : 아름드리 나무도 털끝에서 생기고
九層之臺 起於累土 : 구층 누대도 한 줌 흙이 쌓여 시작되고
千里之行 始於足下 : 천 리 길도 첫걸음에서 시작된다.

爲者敗之 執者失之 : 억지로 하면 실패하고, 집착하면 잃는다.
是以 聖人 : 이 때문에 성인은
無爲 故無敗 : 무위로 행하니 실패하지 않고,
無執 故無失 : 집착하지 않으니 잃을 것도 없다.

民之從事 : 백성들이 일을 할 때
常於幾成而敗之 : 항상 거의 성공할 즈음에 실패하니.
愼終如始 : 끝까지 조심하기를 처음처럼 하면
則無敗事 : 실패가 없을 것이다.

是以 聖人 : 이 때문에 성인은

欲^욕不^불欲^욕 : 욕심 없기를 욕심부리고,
不^불貴^귀難^난得^득之^지貨^화 : 얻기 힘든 재물을 귀하게 여기지 않고
學^학不^불學^학 : 배울 수 없는 것을 배우며
復^복衆^중人^인之^지所^소過^과 : 사람들이 지나친 것을 되돌아본다.
以^이輔^보萬^만物^물之^지自^자然^연 : 만물의 스스로 그러할 수 있도록 도울 뿐
而^이不^불敢^감爲^위 : 억지로 행하지 않는다.

▌其^기安^안易^이持^지 : 안정된 것은 지키기 쉽다.

▌其^기未^미兆^조易^이謀^모 : 조짐이 나타나지 않으면 도모하기 쉽다.

▌其^기脆^취易^이泮^반 : 취약하면 해소하기 쉽다.

· 泮^반 : 해소하다. 녹다. 녹이다.

▌其^기微^미易^이散^산 : 미세할 때 흩어지기(해결하기) 쉽다.

▌爲^위之^지於^어未^미有^유 : 어떤 징조가 보이기 전에 처리하다.

▌合^합抱^포之^지木^목 : 한 아름되는 나무.

· 合^합抱^포 : 한 아름

▌生^생於^어毫^호末^말 : 호말에서 생긴다.

· 毫^호末^말 : 작은 잎. 털끝.

· 毫^호 : 털끝처럼 미세한 것. 아주 미세한 것. 작은 것

▌起^기於^어累^누土^토 : 누대도 한 삼태기의 흙에서 일어난다.

- **累土**(누토) : 흙을 쌓다, 한 삼태기의 흙.

| **爲者敗之**(위자패지) : 억지로 행하는 자는 실패한다.

| **執者失之**(집자실지) : 억지로 집착하는 자는 잃는다.

| **民之從事**(민지종사) : 백성들이 일할 때

| **常於幾成而敗之**(상어기성이패지) : 언제나 거의 다 이뤘다가 실패하다.
- **幾成**(기성) : 거의 다 이뤄지다.

| **愼終如始**(신종여시) : 마무리를 처음같이 조심하다. 초심을 잃지않다.

| **欲不欲**(욕불욕) : 무욕을 원하다.　· **不欲**(불욕) : **無欲**(무욕)

| **不貴難得之貨**(불귀난득지화) : 얻기 힘든 재물을 귀하게 여기지 않다.

| **學不學**(학불학) : 불학을 배우다. 지식을 아닌 것을 배우다.

| **復衆人之所過**(복중인지소과) : 사람들이 道를 소홀히 한 과오를 돌이키다.
- **所過**(소과) : 과오. 실수. 지나친 것

| **以輔萬物之自然**(이보만물지자연) : 만물의 자연을 돕는다.

| **不敢爲**(불감위) : 억지로 행하지 않다.

▶ 毫자는 〈가는 털〉, 〈붓끝〉을 뜻하는 글자이다. 毫자는 高(높을 고)자와 毛(털 모)자가 결합한 모습이다. 高자는 높은 건물을 그린 것으로 〈높다〉, 〈크다〉라는 뜻이다. 이렇게 毫자는 〈높게 자란 털〉이라는 뜻으로 만들어졌다. 길게 자란 털일수록 끝이 더 가늘게 보인다. 그래서 毫자는 털의 가장 끝부분에 있는 가느다란 부분이라는 의미에서 〈털끝〉, 〈붓끝〉, 〈가늘다〉, 〈조금〉이라는 뜻이 되었다.

그 其, 편안 安, 쉬울 易, 가질 持, 아닐 未, 조짐 兆, 꾀 謀, 무를 脆, 녹일 泮, 작을 微, 흩어질 散, 할 爲, 그것 之, 어조사 於, 아닐 未, 있을 有, 다스릴 治, 어지러울 亂, 합할 合, 안을 抱, 나무 木, 날 生, 가는 털 毫, 끝 末, 층 層, 돈대 臺, 일어날 起, 쌓을 累, 거리 里, 갈 行, 처음 始, 발 足, 깨뜨릴 敗, 잡을 執, 잃을 失, 이 是, 써 以, 성인 聖, 그러므로 故, 백성 民, 따를 從, 일 事, 항상 常, 거의 幾, 이룰 成, 삼갈 慎, 끝날 終, 같을 如, 하고자 할 欲, 귀할 貴, 어려울 難, 얻을 得, 재화 貨, 배울 學, 바 所, 돌아올 復, 무리 衆, 바 所, 도울 輔, 일만 萬, 만물 物, 스스로 自, 그럴 然, 감히 敢

《 해설 》

왜 우리는 道를 추구하고 체득하려고 하는가? 무슨 일이든 화가 될 수 있는 근본 뿌리를 잘 다스리고, 매사를 道를 벗어나지 않고 처음부터 초심을 잃지 말고, 정도를 벗어나지 말고, 신중하게 처리하라는 당부이다. 道는 항상 억지가 아닌 자연을 추구하는데, 억지는 자연보다 훨씬 큰 노력과 에너지를 필요로 한다. 즉 어려움이 많고 저항이 심하고 스트레스가 많이 쌓인다. 모든 것이 道를 통한 안정된 상태가 되면 유지하기 쉽다. 뭔가 의도한 대로 되지 않는 징조가 나타나기 전에 처리하기가 쉽고, 취약할 땐 해소하기도 쉽다. 따라서 일이 터지기 전에 처리하고, 혼란이 닥치기 전에 처리하라. 아름드리 거목도 작은 싹에서 나오고, 구층이나 되는 높은 누대도 한 삼태기 흙에서 시작되고, 천 리 길도 한걸음에서 시작된다. 뭐든지 억지로 하면 실패하고 붙잡으려 하면 놓친다. 성공을 거의 눈앞에 두고 실패하는 경우가 있는데 이는 처음 시작할 때처럼 신중하고 노력하면 실패하지 않는다. 따라서 훌륭한 지도자는 세속적인 소유욕이 없으므로 얻기 힘든 재물을 탐하지 않고 큰일을 이루는 것이다.

65장 道의 실천은 결국 큰 順理를 따름이다.

古之善爲道者 : 예로부터 道를 잘 행하는 자는
非以明民 將以愚之 : 백성을 총명하지 않게 하고, 어리석게 하려고 했다.

民之難治 以其智多 : 백성을 다스리기 어려운 것은 지혜가 많기 때문이다.

故 以智治國 國之賊 : 그러므로 지혜로 나라를 다스리면 도둑이 들끓고
不以智治國 國之福 : 지혜로 나라를 다스리지 않으면 나라의 복이 된다.

知此兩者 亦稽式 : 이 둘을 알면 법도를 깨치는 것이다.
常知稽式 是謂玄德 : 항상 이 법도를 깨치는 것을 〈玄德〉이라 한다.

玄德 深矣遠矣 : 현덕은 심오하고 요원하여
與物反矣 : 만물과 더불어 반대로 보이지만
然後乃至大順 : 그런 연후에야 위대한 자연의 순리에 이른다.

❙古之善爲道者 : 옛날 修道를 잘 한 사람.

❙非以明民 : 백성을 총명하게 하지 않다.

❙將以愚之 : 오히려 우직하게 하려 했다.
 ·愚 : 大賢如愚의 愚.

道 德 經/下篇 • 213

▎以其智多 : 백성들이 영특한 지혜가 많기 때문이다.　·其 : 백성.

▎國之賊 : 나라에 폐가 된다.

▎國之福 : 나라에 복이 된다.

▎知此兩者 : 폐해와 복, 이 두 가지를 잘 알아야 한다.

▎稽式 : 법도. 규칙을 따르다. 늘 일정한 값을 유지하는 것.
·稽 : 따르다. 머무르다. 같다.

▎常知稽式 : 항상 법도를 잘 아는 것

▎是謂玄德 : 이를 현덕이라고 한다.

▎玄德深矣遠矣 : 현덕의 깊고 요원한 것

▎與物反矣 : 만물과 더불어 되돌아온다.

▎然後乃至大順 : 그런 연후에야 위대한 순리(道)에 이른다.
·大順 : 道, 무위의 경지를 따르다.

▶愚자는 禺(긴 꼬리원숭이 우)자와 心자가 결합한 모습이다. 원숭이는 사람과 닮았지만, 사람처럼 지능이 뛰어나지는 못하다. 그래서 愚자는 원숭이처럼 머리가 나쁘고 어리석은 행동을 하는 사람이라는 의미에서 〈어리석다. 고지식하다〉를 뜻하게 되었다.

| 옛 古, ~의 之, 잘할 善, 할 爲, 이치 道, 사람 者, 아닐 非, 밝을 明, 오히려 將, 어리석을 愚, 어려울 難, 다스릴 治, 꾀 智, 많을 多, 폐 賊, 복 福, 알 知, 이 此, 또 亦, 머무를 稽, 법식 式, 항상 常, 이 是, 이를 謂, 큰 德 깊을 深, 멀 遠, 함께 與, 만물 物, 되돌아올 反, 그럴 然, 뒤 後, 지극할 至, 따를 順

《해설》

대도란 무엇인가? 또한 정치는 어떠해야 하는가? 그것은 어느 한쪽으로 치우침이 없는 것이요, 문명의 이기를 발달시키지 않는 것이다. 이것이 老子가 원하는 정치이며 대도는 균형을 최고로 추구하는 것이다. 위정자가 백성들을 우매하게 하는 것은 백성을 바보로 만드는 것이 아니라 별 신통찮은 지혜가 너무 많아서 대립과 투쟁을 일삼기 때문에 오히려 나라에 폐해가 된다. 따라서 그런 지식이 아닌 지혜로 다스리면 오히려 나라에 큰 복이며 영원한 평화를 가져온다. 이것이 위정자가 가져야 할 정치철학이요, 이를 잘 이해하는 것이 〈현덕〉이니, 이는 깊고 그윽하여 만물과 더불어 되돌아온다. 되돌아온 연후에야 위대한 자연의 순리, 道에 순응한다. 백성을 어리석게 함이란 무지와 몽매함을 조장하는 것이 아니라 인위적인 지혜나 욕망에 얽매이지 않고 본성에 따라 순수하게 살게 하라는 의미다.

66장 남 위에 서고자 하면 먼저 자신을 낮춰라.

江海所以能爲百谷王者 : 江海가 백곡의 왕이 될 수 있는 까닭은

以其善下之 : 물의 본성이 겸하하기 때문이다.

故 能爲百谷王 : 그래서 모든 계곡의 왕이 될 수 있다.

是以 欲上民 : 이 때문에 성인은 백성의 위에 서고자 하면

必以言下之 : 반드시 말이 겸손해야 하고

欲先民 : 백성보다 앞서고자 하면

必以身後之 : 반드시 몸을 뒤에 두어야 한다.

是以 聖人 : 이런 까닭에 성인은

處上而民不重 : 위에 있어도 백성들은 짐이 되지 않고

處前而民不害 : 앞에 있어도 방해된다고 여기지 않는다.

是以 : 이래서

天下樂推而不厭 : 세상이 기꺼이 그를 추대하기를 즐거워하고 싫어하지 않고

以其不爭 : 누구와도 맞서 다투지 않는다.

故 天下莫能與之爭 : 그래서 천하의 누구와도 다툴 자가 없다.

■江海所以能爲百谷王 : 道를 강과 바다에 비유한 것으로 강과 바다는 계곡에서 물이 모여들듯 모든 걸 다 수용한다.

■下之 : 낮은 태도로 謙下, 謙遜, 謙虛를 뜻한다.

▌是^시以^이欲^욕上^상民^민 : 지배자로서 백성 위에 존경받고 싶다면

▌必^필以^이言^언下^하之^지 : 반드시 말로써 겸손해야 한다.

▌欲^욕先^선民^민 : 백성들의 앞에 서고 싶다면, 선구자가 되려면

▌必^필以^이身^신後^후之^지 : 반드시 백성의 뒤로 물러서야 한다.

▌處^처上^상 : 높은 자리에 있는 것

▌處^처前^전而^이民^민不^불害^해 : 앞에 있어도 백성은 방해된다고 하지 않는다.
· 處^처前^전 : 앞자리(우월)에 있다.
· 不^불害^해 : 방해가 되지 않다. 해가 되지 않다.

▌樂^낙推^추而^이不^불厭^염 : 천하가 (성인을) 기꺼이 추대하고 싫어하지 않는다.

▌莫^막能^능與^여之^지爭^쟁 : 백성들은 성인과 맞서 싸우려 하지 않다.
· 與^여之^지 : 성인(之)과 더불어(與)

▶ 處^처자는 〈곳〉, 〈때〉, 〈머무르다〉라는 뜻이다. 處자는 虎(범 호)자와 処(곳 처)자가 결합한 모습으로 〈범이 앉아있는 모습〉의 處자가 되었다.

강 江, 바다 海, 바 所, 능할 能, 모든 百, 골짜기 谷, 임금 王, 놈 者, 낮출 下, 이 是, 써 以, 그러므로 故, 능할 能, 하고자 할 欲, 위할 上, 백성 民, 반듯 必, 말씀 言, 먼저 先, 몸 身, 뒤 後, 성인 聖, 사람 人, 머물 處, 무거울 重, 해할 害, 즐거울 樂, 밀 推, 싫을 厭, 다툴 爭, 없을 莫, 함께 與

道德經/下篇·217

《 해설 》

겸하(謙下), 自下, 自後하라. 백성 앞에 겸손하고 앞서려 하지 말라. 모든 물이 모여들고 모든 것을 다 수용하는 낮은 데 있는 강과 바다를 비유하여 다스림의 德, 겸손의 德을 설명한다. 위정자의 마음가짐을 강조한 것으로 말과 처신이다. 말은 言下하여 겸손하고 몸가짐은 身後하여 겸손하면 백성들이 존경하여 기꺼이 추대하고 싫어하지 않는다. 이 身後는 노자의 세 가지 보물 중의 하나이기도 하다.

위정자란 무엇인가? 모든 것을 다 수용하고 포용하고 이해하고 해결할 수 있어야 한다. 이렇게 하기 어려워서 아무나 위정자가 되는 것이 아니다. 백성으로부터의 존경은 자신을 낮추고, 백성보다 뒤에 있으며 짐이 되거나 방해되지 않으면 백성은 명하지 않아도 저절로 그 명을 받들고 따르며 즐거이 추대하고 싫어하지 않아 천하의 모든 분쟁과 갈등이 사라지는 것이다. 이것이 유도자의 철인정치다.

67장 慈愛心을 갖고, 儉約하며, 앞서려 하지 말라.

天下皆謂我道大 : 천하가 모두 "내 道는 위대하지만

似不肖 : 보잘것없는 것 같다."고 말한다.

夫唯大 故似不肖 : 위대하기 때문에 보잘 것 없는 같다.

若肖 久矣 其細也夫 : 만약 대단했다면 오래전에 하찮은 것이 됐을 것이다.

我有三寶 : 내게 세 가지 보물이 있는데

持而保之 : 그것을 간직하여 소중히 보존하였다.

一曰慈 : 첫째 자애요

二曰儉 : 둘째 검소함이고

三曰不敢爲天下先 : 셋째 천하에 감히 앞서려 하지 않는 것이다.

慈故 能勇 : 자애 때문에 용감할 수 있고

儉故 能廣 : 검소 때문에 넉넉할 수 있고

不敢爲天下先 : 감히 천하에 나서지 않기 때문에

故 能成器長 : 우두머리가 될 그릇을 이룬다.

今舍慈且勇 : 요즘 사람들은 자애를 버리고 용감하려 하고

舍儉且廣 : 검약을 버리고 베풀려 하고

舍後且先 : 뒤에 있지 않고 앞서려고 하니

死矣 : 목숨을 잃을 수밖에 없다.

夫慈以戰則勝 : 무릇 자애로 싸우면 이기고

以守則固 : 자애로 지키면 견고하다.
天將救之 : 하늘이 장차 구원하려는 자에게는
以慈衛之 : 자애로 그를 지켜줄 것이다.

주

■ 天下皆謂我道大 似不肖 : 세상 사람들이 내 道가 위대하다고 말하지만, 위대한 것처럼 보이지 않는다.

·似不肖 : 道답지 않은 것 같다.

■ 夫唯大故似不肖 : 내 道는 위대하기 때문에 道답지 않은 것 같다.

■ 若肖 久矣其細也夫 : 만약에 道다웠다면 오래전에 보잘것없는 것이 되었을 것이다.

■ 持而保之 : 보배처럼 소중하게 지키고 간직하다.

■ 一曰慈 : 첫째는 자애심. 자비심이다.

·慈 : 사랑, 자식, 어머니.

■ 二曰儉 : 둘째는 검소. 검약이다.

■ 不敢爲天下先 : 감히 사람들보다 앞서지 않다.

■ 慈故能勇 : 자애 때문에 용감하고

■ 儉故能廣 : 검약 때문에 넉넉할 수 있고.

·廣 : 넉넉하다. 돕다.

■ 故能成器長 : 큰 인물(그릇)을 만들어 우두머리로 될 수 있다.

■ 今^금舍^사慈^자且^차勇^용 : 요즘 사람들은 자애심도 없이 용감하려 하고

· 舍^사 : 사(捨), 버리다, 없다.

■ 舍^사儉^검且^차廣^광 : 검약하지 않고 베풀려고 하고

■ 舍^사後^후且^차先^선 : 뒤에 있지도(겸손하지도) 않고 앞서려고만 한다.

■ 死^사矣^의 : 목숨을 잃을 수밖에 없다. 파멸할 것이다.

■ 以^이戰^전則^즉勝^승 : 싸우면 이긴다.

■ 以^이守^수則^즉固^고 : 지킨다면 견고하다.

■ 天^천將^장救^구之^지 : 하늘이 장차 구원하고자 하면.

· 將^장 : 장차 ~하려고 한다.

■ 以^이慈^자衛^위之^지 : 자애심으로 지켜준다.

▶ 肖자는 小(작을 소)자와 月(고기 육, 달 월)자가 결합한 모습이다. 肖자가 〈닮다〉, 〈모양이 같다〉라는 것은 〈나의 모습과 닮았다〉는 뜻이다. 그래서 肖자에 쓰인 小자는 〈작다〉의 뜻이고 月자는 나의 육체를 의미한다. 肖자는 〈작은 나의 모습〉으로 나를 닮아 태어난 후대나 나를 닮은 무언가를 의미하기도 한다.

하늘 天, 아래 下, 모두 皆, 일컬을 謂, 나 我, 이치 道, 같을 似, 닮을 肖, 무릇 夫, 오로지 唯, 때문에 故, 만약 若, 장구할 久, 조사 矣, 그 其, 가늘 細, 가질 持, 지킬 保, 가로 曰, 사랑 慈, 검소할 儉, 먼저 先, 감히 敢, 과감할 勇, 베풀 廣, 그릇 器, 이룰 成, 어른 長, 이제 今, 버릴 舍, 또 且, 죽을 死, 싸울 戰, 곧 則, 이길 勝, 지킬 守, 굳을 固, 장차 將, 구할 救, 지킬 衛

《해설》

老子의 三寶 즉 慈, 儉, 自後를 하라고 주장한다. 무위자연의 道는 너무 위대하므로 이를 몸으로 실천코자 하면 뭔가 하찮은 것 같고 작은 것 같지만, 실은 道가 너무 위대하기 때문이다. 老子의 삼보는 첫째 자애란 천하 만물을 마치 어버이가 자식을 아끼고 사랑하는 애정인데 이런 마음이면 남을 돕고, 베푸는 데 용감할 수 있다. 둘째 사람이 살면서 모든 물질을 검소하게 절약하고 낭비하지 않는다면 여유가 생기고 넉넉하여 남에게 베풀 수 있다. 셋째 남의 이목을 끌기를 바라고 남보다 훌륭하다고 생각하는 교만한 현대인은 목숨을 재촉하는 일이다.

자애는 싸우지 않고 사랑하는 마음이요, 싸워도 이기고, 지키기만 해도 견고하게 수비할 수 있다. 慈는 사랑하는 마음이고 어여삐 여기는 어버이 마음이다. 검약은 낭비하지 않음이요, 부를 축적하는 길이며 경제적으로 넉넉해지는 지름길이다. 따라서 하늘의 道는 그런 사람을 도와 자애, 검소, 자후로 지켜주는 것이다.

68장 사람을 잘 부리는 자는 자신을 낮춘다.

善爲士者 不武 : 훌륭한 무사는 사납지 않고
善戰者 不怒 : 훌륭한 싸움꾼은 성내지 않고
善勝敵者 不與 : 훌륭한 승리자는 맞서지 않고
善用人者 爲之下 : 사람을 잘 부리는 자는 자신을 낮춘다.

是謂 不爭之德 : 이는 〈다투지 않는 德〉이라 하고
是謂 用人之力 : 이를 남을 잘 활용하는 역량이라 하며
是謂 配天 古之極 : 이는 천도에 맞는 오래된 지극한 道였다.

▮善爲士者不武 : 훌륭한 선비(무사)는 사납지 않다. 무력을 쓰지 않는다

▮善戰者不怒 : 잘 싸우는 자는 화를 내지 않는다.
·不怒 : 화를 내지 않다

▮不與 : 맞서지 않다.
·與 : 맞서다. 함께하다.

▮善用人者 爲之下 : 사람을 잘 쓰는 자는 겸손하다. 사람을 잘 쓰는 자는 그의 아래가 되다.

▮不爭之德 : 다투지 않는 위대한 德(인격자)

▮**用人之力**(용인지력) : 사람을 활용하는 능력. 남의 힘을 잘 활용하는 것

▮**是謂配天 古之極**(시위배천 고지극) : 하늘의 道에 맞는 오래된 道의 지극함이다

▶ **武**(무)자는 戈(창 과)자와 止(발 지)자가 결합한 모습이다. 戈자는 〈낫과 같은 모양의 고대 무기〉로 방패 뒤에 숨어 적의 발목을 절단하는 용도로 쓰였다. 武자는 이렇게 〈무사가 창을 들고 움직이는 모습〉을 표현했다.

잘할 善(선), 할 爲(위), 선비 士(사), 놈 者(자), 아니 不(불), 사나울 武(무), 싸울 戰(전), 성낼 怒(노), 이길 勝(승), 원수 敵(적), 맞설 與(여), 쓸 用(용), 아래 下(하), 이 是(시), 이를 謂(위), 다툴 爭(쟁), 큰 德(덕), 짝 配(배), 지극할 極(극)

《해설》

진실로 훌륭한 사람은 힘이나 감정에 휘말리지 않는다. 不武(불무)는 훌륭한 선비의 무위요, 不怒(불로), 不與(불여)는 위대한 무사의 길이며, 爲之下(위지하)(自下)(자하)는 사람을 잘 부리는 자의 用人術(용인술)이요, 처세술이다. 이는 〈다투지 않는 德〉이고, 〈사람을 잘 활용하는 위대한 능력〉이며 하늘과 함께하는 지극함이라고 한다.

69장 전쟁시 전쟁을 슬퍼하는 쪽이 이긴다.

用兵 有言 : 병법에 이런 말도 있다.
吾不敢爲主而爲客 : "나는 감히 공격적이지 않고 수세적이며,
不敢進寸而退尺 : 감히 한 치를 전진하기 위해 한 자를 물러선다."

是謂 行無行 : 이를 일러 "행진 없는 행진,
攘無臂 : 팔 없이 물리치고
執無兵 : 무기 없이 붙잡고,
扔無敵 : 적 없이 싸우는 것"이라고 한다.

禍莫大於輕敵 : 적을 얕보는 것보다 큰 재앙은 없고
輕敵 幾喪吾寶 : 적을 얕보면 내 보물을 잃게 된다.
故 抗兵相加 : 그러므로 거병하여 맞서 싸울 때는
哀者勝矣 : 전쟁의 비애를 느끼는 자가 이긴다.

▎用兵 有言 : 병법에 이런 말이 있다.
·有言 : 격언

▎吾不敢爲主而爲客 : 전쟁하는 동안 主가 되지 않고 客처럼 된다.

▎不敢進寸而退尺 : 한 치도 나가지 않고 오히려 한 자나 물러선다. 적극적, 공격적으로 전투에 임하기보다는 수동적, 방어적 태세를 갖는다는 뜻이다.

▌行無行 : 행진 없는 행진을 하고

▌攘無臂 : 휘둘러대지 않고 물리치고

▌執無兵 : 무기 없이 붙잡다.

▌扔無敵 : 적 아닌 적과 싸운다

▌幾喪吾寶 : 보배(노자의 삼보 등)를 거의 다 잃을 것이다.

▌抗兵 : 군대를 동원하다. 거병하다.

▌相加 : 서로 공격하다.

・加 : 타격을 가하다. 공격하다. 처하다.

▌哀者勝矣 : 전쟁에 비애를 느끼는 자가 승리한다.

▶敢자는 갑골문에 보면 〈맹수 꼬리를 붙잡는 모습〉으로 〈용맹하다〉를 뜻한다. 여기에 〈달다〉라는 뜻의 甘(달 감)자가 쓰여 발음역할을 했으나 시간이 지나면서 〈감히〉, 〈함부로〉라는 뜻으로 확대되었다.

쓸 用(用), 군사 兵(兵), 있을 有(有), 말씀 言(言), 나 吾(吾), 아니 不(不), 감히 敢(敢), 할 爲(爲), 주인 主(主), 그러나 而(而). 손 客(客), 나아갈 進, 마디 寸, 물러갈 退, 자 尺, 갈 行, 없을 無, 팔 臂, 물리칠 攘, 잡을 執, 당길 扔, 원수 敵, 재난 禍, 없을 莫, 큰 大, 가벼울 輕, 거의 幾, 잃을 喪, 나 吾, 보배 寶, 그러므로 故, 막을 抗, 서로 相, 공격할 加, 슬플 哀, 놈 者, 이길 勝, 어조사 矣

《해설》

전쟁에 임하는 위정자의 태도를 말한 것으로 전쟁에서도 위대한 道를 따라 인간애를 발휘하고 수세적 전략을 하라는 주장이다. 역사적으로 볼 때 전쟁은 피할 수 없는 상황에서 치러야지, 위정자의 정치적 야욕으로 전쟁을 일으키면 국가 경제가 파탄 나고 백성의 소중한 목숨이 달려있거니와 걱정과 슬픔으로 쌓인 가족 등의 애환은 이루 말할 수 없다. 또한, 전쟁이란 권력자의 오판이나 욕심으로 백성들이 희생하는 것이 아닌가. 피치 못해 전쟁할 때는 주동자가 되지 말고 수동적, 소극적, 방어적으로 행하고, 전진만을 일삼지 말고 전쟁의 폐해를 막기 위해서 노력하라. 이를 행진 없는 행진, 완력으로 하지 않고, 무기 없이 적을 잡고, 적이 아닌 적에게 다가가라는 것이다. 얼핏 생각하면 병법에 어긋난 듯하지만 이것이 노자의 무위 자연적 전쟁의 道(병법)이다.

그러나 한편으로는 적을 경시하지 말라. 만일 적을 경시하면 내가 가진 보물을 다 잃게 될 것이며 부득이 싸워야 할 때는 전쟁의 비극, 비애를 갖는 인간애를 가진 쪽이 승리할 것이다.

70장 베옷을 입고 옥을 가슴에 품어라.

^{오 언   심 이 지   심 이 행}
吾言 甚易知 甚易行 : 내 말은 무척 알기 쉽고, 행하기도 쉬운데
^{천 하 막 능 지   막 능 행}
天下莫能知 莫能行 : 천하가 이를 잘 알지 못하고, 행하지도 않는다.

^{언 유 종   사 유 군}
言有宗 事有君 : 말에는 근본(道)이 있고 일에는 주체가 있는데
^{부 유 무 지}
夫唯無知 : 도대체 사람들이 이 근본과 주체를 모른다.
^{시 이 불 아 지}
是以 不我知 : 그래서 나를 알지 못한다.

^{지 아 자 희}
知我者希 : 나를 알려고 하는 자가 드물고
^{칙 아 자 귀}
則我者貴 : 나를 본받으려는 자도 귀하다.

^{시 이 성 인}
是以聖人 : 이 때문에 성인은
^{피 갈 회 옥}
被褐懷玉 : 허름한 베옷을 입고 귀한 옥(道)을 가슴에 품는다.

^{오 언}
▮吾言 : 老子의 말(道, 가르침)

^{언 유 종}
▮言有宗 : 내 말에는 道라는 근본, 종지가 있다.

^{사 유 군}
▮事有君 : 사물(일)에는 주체가 있다.
^군
·君 : 주체, 주재, 주도자, 근본

^{부 유 무 지}
▮夫唯無知 : 道를 알지 못하므로

┃ ^{시 이 부 아 지}
┃ **是以 不我知** : 이렇기 때문에 나(道)를 알지 못한다

┃ ^{지 아 자 희}
┃ **知我者希** : 나를 아는 자, 알려고 하는 자가 드물다.

┃ ^{칙 아 자 귀}
┃ **則我者貴** : 나를 본받는 자가 귀하다.
　·^칙**則** : 본받는다. 법, 규칙.

┃ ^{피 갈 회 옥}
┃ **被褐懷玉** : 허름한 삼베옷을 입고 가슴에는 玉(道)을 품고 있다.

▶ 吾자는 〈나〉, 〈우리〉라는 뜻으로 吾자는 五(다섯 오)자 + 口(입 구)자가 결합한 모습이다. 五자는 발음역할만을 한다. 吾자는 본래 〈글 읽는 소리〉, 〈나의 말〉이라는 뜻이었으나 후에 자신을 지칭하는 〈나〉라는 뜻으로 假借되면서 지금은 여기에 言자를 더한 語자가 〈말씀〉이라는 뜻을 대신하고 있다.

나 吾, 말 言, 매우 甚, 알 知, 근본 宗, 일 事, 있을 有, 근본 君, 무릇 夫,
오직 唯, 없을 無, 드물 希, 법칙 則, 입을 被, 베옷 褐, 품을 懷, 구슬 玉

《해설》

道를 따르는 자가 많지 않음을 탄식하는 구절이다. 道의 논리는 아주 이해도 쉽고 실천하기도 쉬운데 세상 사람들이 어려워서 이해하지 못하고 행하지도 않는다. 내 말에는 본질이 있고 세상일에는 통솔하고 주재하는 사람이 있는 법인데 세상 사람들이 이를 이해하지 못하고 따르지 않는다. 그러니 체득하려 노력하라. 道의 길은 현묘하니 道를 따르는 위대한 지도자는 남루한 베옷을 입고 있지만, 가슴에는 道라는 소중한 보물을 품고 산다.

71장 病(결점)을 病으로 여기면 病이 아니다.

知不知上 : 알면서도 모른다고 하는 것이 최상이고,
不知知病 : 모르면서 안다고 하는 것은 병이다.
夫唯病病 是以 不病 : 병을 병으로 알기 때문에 병이 아니다.

聖人不病 : 성인은 그러한 병이 없다.
以其病病 是以不病 : 그 병을 병으로 아는 까닭에 병이 아니다.

▎知不知上 : 알면서도 모른다고 하는 것이 최상이다.

▎不知知病 : 모르면서 안다고 하는 것이 병(결점)이다.

▎夫唯病病 : 무릇 병(결점)을 병(결점)이라 여기다.

▎是以 不病 : 따라서 병(결점)이 되지 않는다.

▎以其病病 : 자신의 결점을 결점으로 여기다.

▎是以 不病 : 그래서 병이 되지 않는다.

알 知, 아니 不, 윗 上, 흠 病, 무릇 夫, 오직 唯, 이 是, 써 以, 성인 聖, 그 其

《해설》

· 〈知〉란 무엇인가? 삶의 근원적인 진리를 어떻게 알 수 있을까? 알고도 모르는 것처럼 하는 것이 좋고, 모르면서 모두 아는 척하는 것은 病이다. 병을 병으로 안다면 병이 되지 않는다. 사람은 병을 병으로 알면 道를 체득하여 그 병을 치유하려 노력하기 때문이다. 성인이 병이 없는 것은 자기의 병을 병으로 알기 때문이다. 따라서 병이 되지 않는다.

· 知에 관해서는 孔子를 빼놓을 수 없다. 孔子는 「論語」에서 사람의 가치 중 하나는 學이라고 하는 배움의 의미와 효과, 가치를 최고로 주장했기 때문이다. 그래서 논어는 〈學而時習之 不亦悅乎〉로 시작하여 〈博學多識 博學多聞〉을 최고의 가치로 내세웠다. 孔子께서는 촌음을 아껴 배우고 또 배워서 학문을 쌓고 인의예지신을 터득하고 〈군자〉가 되어야 한다고 독려했다.

孔子의 知는 배우고 또 배워서 博學의 경지에서의 知였다. "아는 것을 안다고 하고 모르는 것을 모른다고 하는 것이 知"라고 주장했다. 그러나 老子는 孔子와는 달리 知를 버리라고 하였다(絶學). 그래야만 근심 없는 편안하고 고요하며 근원적인 道의 세계로 갈 수 있음을 강조한다. 老子는 知와 문화는 허구요, 허식이며, 인위라고 이를 부정하고 오직 道로 복귀할 것을 주장한다. 그 복귀야말로 자신이 가진 무지를 자각하게 된다는 것이다. 그러므로 박학을 넘어선 知, 모르는 것을 아는 것은 가장 좋은 지혜이고, 아는 것을 모르는 척하는 것은 병이 아니라고 하였다.

72장 威嚴을 버리고 無爲를 택하라.

民不畏威 : 백성이 위엄를 두려워하지 않으면,
則大威至 : 큰 위엄이 닥칠 것이다.

無狎其所居 : 백성들의 거처를 핍박하지 말고
無厭其所生 : 백성들의 삶을 억누르지 말라.

夫唯 不厭 : 따라서 지도자가 (거처와 삶을) 억누르지 않으면,
是以 不厭 : 이로써 백성도 지도자를 미워하지 않는다.

是以 聖人 : 그렇기 때문에 성인은
自知不自見 : 스스로 잘 알면서도 자신을 드러내지 않고
自愛不自貴 : 스스로 아끼되 자신을 귀하게 여기지 않는다.
故 去彼取此 : 그렇기 때문에 위엄을 버리고 무위를 택한다.

▌民不畏威 : 백성은 지도자의 위압을 두려워하지 않는다

▌則大威至 : 그러면 큰 환란(위엄)이 닥치다.
· 大威 : 큰 위엄, 큰 환란, 협박.

▌無狎其所居 : 거처를 핍박하지 않다.
· 狎 : 핍박하다, 업신여기다.

■ 無厭其所生 : 삶을 억압하지 않다. · 所生 : 삶, 생업

■ 夫唯 不厭 : 따라서 싫어하지 않는다.

■ 是以 不厭 : 이로써 싫어할 일이 생기지 않는다.

■ 自知不自見 : 스스로 알기 때문에 자신을 드러내지 않는다.

■ 自愛不自貴 : 스스로를 아끼되 자신을 귀하게 여기지 않는다.

■ 去彼取此 : 저것(권위)을 버리고, 이것(무위)을 택하다.

▶ 威자는 〈위엄〉, 〈권위〉, 〈두려움〉이라는 뜻을 가진 글자이다. 威자는 女(여자 여)자와 戌(개 술)자가 결합한 모습이다. 戌자는 〈도끼날이 달린 고대의 무기〉 앞에 겁에 질린 여자가 연상되기도 한다.

백성 民, 아니 不, 두려울 畏, 짓누를 威, 큰 大, 이를 至, 업신여길 狎, 그 其, 바 所, 살 居, 짓누를 厭, 무릇 夫, 오직 唯, 버릴 去, 저 彼, 취할 取, 이 此

《해설》

백성을 愛民하고 무위의 정치를 하라. 폭정으로 백성을 핍박하면 백성은 살맛이 없다. 폭정이나 학정은 가난과 혼란을 유발하고 민심이 이반하여 민란의 근원이 된다. 예나 지금이나 권위주의는 백성들에게 잘 통하지 않는다. 통치자는 백성을 법령이나 명령, 그리고 제도로 위엄이나 억압을 가해서는 안 된다. 백성들이 지도자의 권위를 두려워하지 않으면 큰 벌을 받는다. 백성들이 사는 곳을 핍박해서도 안 되고, 삶을 억압하지 말아야 한다. 지도자가 백성의 삶을 억압하지 않으면 백성들은 편해지고 살맛이 난다. 지도자는 비록 자신이 백성을 다스리는 지혜가 있어도 드러내 보이지 말고, 자기 몸을 소중히 여길지라도 백성을 억압하여 자신을 귀하게 여기지 않는다. 그러므로 훌륭한 지도자는 인위적, 권위적인 위압을 버리고 무위자연의 정치를 하는 것이다.

73장 하늘의 그물은 엉성하지만 하나도 놓치지 않는다.

_{용어감즉살}
勇於敢則殺 : 治罪에 과감하면 죄인이 죽게 되고

_{용어불감즉활}
勇於不敢則活 : 과감하지 않으면 죄인을 살릴 수 있다.

_{차양자 혹이혹해}
此兩者 或利或害 : 이 둘은 이롭기도 하고, 해롭기도 하다.

_{천지소오 숙지기고}
天之所惡 孰知其故 : 하늘이 미워하는 것을 어느 누가 그 까닭을 알겠는가?

_{시이성인유난지}
是以聖人猶難之 : 그러므로 성인은 오히려 감행을 어렵게 여긴다.

_{천지도}
天之道 : 하늘의 道는

_{불쟁이선승}
不爭而善勝 : 싸우지 않고도 잘 이기고

_{불언이선응}
不言而善應 : 말하지 않아도 잘 응하고

_{불소이자래}
不召而自來 : 부르지 않아도 저절로 오고

_{천연이선모}
繟然而善謀 : 너그럽게 잘 도모한다.

_{천망회회}
天網恢恢 : 하늘의 법망은 한없이 넓어서

_{소이불실}
疏而不失 : 성글어도 그 누구도 절대 놓치는 법이 없다.

주

_{용어감즉살}
▎勇於敢則殺 : 치죄할 때 과감하게 하면 죄인을 죽일 수 있다.

_{용어불감즉활}
▎勇於不敢則活 : 치죄할 때 과감하지 않으면 죄인을 살릴 수 있다.

_{차양자 혹이혹해}
▎此兩者 或利或害 : 이 둘은 이롭기도 하고 해롭기도 하다.

- **天地所惡 孰知其故**_{천지소오 숙지기고} : 하늘이 미워하는 바를 누가 그 까닭을 알겠는가?

- **是以 聖人猶難之**_{시이 성인유난지} : 지혜로운 성인도 그 까닭을 알기 어렵다.

- **不爭而善勝**_{불쟁이선승} : 싸우지 않아도 잘 이긴다.

- **不言而善應**_{불언이선응} : 말하지 않아도 잘 대응한다.

- **不召而自來**_{불소이자래} : 道는 부르지 않아도 스스로 온다.

- **繟然而善謀**_{천연이선모} : 너그러워 잘 도모한다.
  - **繟**_천 : 너그럽다. 느슨하다. 늘어지다.

- **天網恢恢**_{천망회회} : 하늘의 법망은 한없이 크다.
  - **恢恢**_{회회} : 넓고 크다.

- **疏而不失**_{소이부실} : 그물이 성긴 것 같아도 절대로 놓치는 법이 없다.

▶ 勇자는 甬(길 용)자와 力(힘 력)자가 결합한 모습이다. 甬자는 쇠로 만든 고리가 달린 〈종〉인데 무게가 상당했을 것이다. 勇자는 이렇게 종을 그린 甬자에 力자가 결합한 것으로 무거운 쇠 종을 들 수 있을 정도의 힘과 용기, 결단력을 뜻한다. 勇자는 그러한 의미에서 〈날래다〉, 〈용감하다〉, 〈강하다〉라는 뜻으로 쓰이고 있다.

과감할 勇_용, 어조사 於_어, 굳셀 敢_감, 곧 則_즉, 죽일 殺_살, 살活_활, 이 此_차, 두 兩_양, 사람 者_자, 혹 或_혹, 이로울 利_리, 해로울 害_해. 하늘 天_천. 갈 之_지, 바 所_소, 미워할 惡_오, 누구 孰_숙, 알 知_지, 그 其_기, 연고 故_고, 이 是_시, 써 以_이, 성인 聖_성, 사람 人_인, 오히려 猶_유, 어려울 難_난, 싸울 爭_쟁, 잘할 善_선, 이길 勝_승, 응할 應_응, 부를 召_소, 느슨할 繟_천, 꾀 謀_모, 하늘 天_천, 그물 網_망, 넓을 恢_회, 트일 疏_소, 그러나 而_이, 잃을 失_실

《해설》

老子는 인간 생명의 귀중함을 역설한다. 선악이나 미추도 상대적이며 인위적인 개념에서 벗어나서 인간 모두에게 자애로운 마음을 가져야 한다. 죄인을 다스릴 때 엄격하게 죄를 물으면 사람을 죽게 할 수 있고 신중하면 살릴 수도 있는데 이는 이롭기도 하고 해롭기도 한 것이다. 사람이 사람한테 죄를 물어 생명을 위태롭게 하거나 죽이는 것은 인위적 형벌이다. 이는 형벌주의 또는 법치주의적 발상인데 하늘은 선과 악, 그 어느 것을 미워하는지 도대체 알 도리가 없다. 성인조차도 그 도리를 알기 어렵다. 원래 하늘의 道는 싸우지 않고 저절로 이기고, 말하지 않아도 응대하며, 부르지 않았는데도 저절로 다가오고, 대범하고 훌륭하게 계획을 세운다. 하늘의 법망을 넓고 크고 성글지만 절대로 새는 법이 없으니, 治罪는 하늘의 道에 맡겨야 한다.

74장 누가 하늘을 대신해서 罪人을 죽이랴!

民_민不_불畏_외死_사 : 백성들이 죽음을 두려워하지 않는데

奈_나何_하以_이死_사懼_구之_지 : 어떻게 죽음으로 그들을 두렵게 하겠는가?

若_약使_사民_민常_상畏_외死_사 : 백성들을 항상 죽음을 두렵게 하고

而_이爲_위奇_기者_자 : 악을 저지른 자를

吾_오得_득執_집而_이殺_살之_지 孰_숙敢_감 : 내가 잡아 죽인다면, 죽이는 자는 누구인가?

常_상有_유司_사殺_살者_자殺_살 : 언제나 죽임을 주관하는 자가 죽인다.

夫_부代_대司_사殺_살者_자殺_살 : 그런데 죽임을 맡은 자를 대신해서 죽인다면

是_시謂_위代_대大_대匠_장斲_착 : 이는 '대목수를 대신해 나무를 베는 것'과 같다.

夫_부代_대大_대匠_장斲_착者_자 : 대목수를 대신해 나무를 자르다가

希_희有_유不_불傷_상其_기手_수矣_의 : 자기 손을 다치지 않는 자는 드물다.

┃民_민不_불畏_외死_사 : 백성이 죽음을 두려워하지 않으면

┃奈_내何_하以_이死_사懼_구之_지 : 어떻게 죽임으로 위협할 수 있겠느냐?
 ·奈_내何_하 : 어찌

┃若_약使_사 民_민常_상畏_외死_사 而_이爲_위奇_기者_자 : 비록 백성이 항상 죽음을 두렵게 하고 이상한 행동을 하는 자
 ·若_약使_사 : 비록~하게 하다.
 ·爲_위奇_기者_자 : 기이한 행동자. 범법자.

- **吾得執而殺之** : 나 老子가 붙잡아 죽이다.

- **孰敢** : 어느 누가 감히 할 것인가? 하늘의 道만이 할 수 있다.

- **常有司殺者殺** : 사형을 담당한 자가 죽이다.
  · **司殺者**는 죽음을 맡은 자

- **夫代司殺者殺** : 사형시키는 자를 대신하여 사형시키다.

- **是謂代大匠斲** : 서투른 목수가 대목을 대신해서 나무를 자르는 것과 같다.

- **希有不傷其手矣** : 손에 상처를 당하지 않는 경우는 드물다.

백성 民, 아니 不, 두려울 畏, 죽음 死, 어찌 奈, 어찌 何, 두려울 懼, 같을 若, 시킬 使, 항상 常, 기이할 奇, 나 吾, 잡을 執, 죽일 殺, 누구 孰, 굳셀 敢, 있을 有, 맡을 司, 대신 代, 큰 大, 장인 匠, 깎을 斲, 드물 希, 상할 傷, 손 手, 어조사 矣

《해설》

治罪를 죽음으로 묻지 말라. 그 판단은 인위적으로는 안 되고 하늘의 법도, 무위를 따라 행하라고 강조한다. 폭정에 시달리는 백성은 죽음도 불사하는데 죽음으로 위협할 수 있을까. 어떻게 백성을 함부로 처형할 수 있을까. 죽음은 하늘이 담당하는 것이다. 인위적으로 처단하지 말고 하늘에 맡겨라. 인위로 다스려 백성을 두렵게 하지 말라. 처형을 담당하는 자가 백성을 함부로 죽이는 것은 대목수를 대신해서 나무를 절단하는 것과 무엇이 다를까. 서투른 목수는 손에 상처 입기 쉽다. 하늘의 벌을 받을 것이니 〈무위〉로 다스리라고 강조한다.

75장 삶에 執着이 없는 자가 현명하다.

民之饑 : 백성이 굶주리는 것은
以其上食稅之多 : 위정자가 세금을 너무 많이 걷어 먹기 때문이다.
是以 饑 : 그래서 백성이 굶주린다.

民之難治 : 백성을 다스리기 어려운 것은
以其上之有爲 : 위정자가 인위적인 정치를 하기 때문이다.
是以 難治 : 그래서 다스리기 어렵다.

民之輕死 : 백성의 죽음을 가벼이 여기는 것은
以其上求生之厚 : 부귀영화를 탐하기 때문이다.
是以 輕死 : 그래서 죽음을 가볍게 여긴다.

夫唯無以生爲者 : 오직 삶을 탐하지 않는 자는
是賢於貴生 : 삶을 소중히 여기는 자보다 더 현명하다.

▎民之饑以其上食稅之多 : 백성이 굶주리는 것은 위정자가 세금을 많이 거둬들이기 때문이다.
·上 : 윗사람, 위정자, 지배자.
·食稅 : 세금을 받아먹다.

▎以其上之有爲 : 윗사람들이 인위적인 정치를 하는 것.

- **有爲**(유위) : 無爲(무위)의 반대로 人爲, 作爲의 뜻, 억지로

■ **以其上求生之厚**(이기상구생지후) : 부귀영화를 지나치게 추구하다. 집착하다.
- **厚(후)** : 후생, 부귀영화를 누리다. 집착하다.

■ **無以生爲者**(무이생위자) : 삶에 대해 지나치게 집착하지 않다.

■ **是賢於貴生**(시현어귀생) : 이는 생명을 귀하게 여기는 자보다도 훨씬 낫다.

▶ **賢**자는 臤(어질 현)자와 貝(조개 패)자가 결합한 모습이다. 臤자는 〈신하가 일을 능히 잘 해낸다〉는 의미에서 〈어질다〉, 〈현명하다〉라는 뜻이다. 후에 사람이 어질고 착해 재물까지 나누어 줄 정도라는 의미가 반영되면서 지금은 貝자가 더해진 賢자가 뜻을 대신하고 있다.

백성 民, ~의 之, 주릴 饑, 써 以, 그 其, 윗 上, 먹을 食, 징수 稅, 많을 多, 이 是, 써 以, 어려울 難, 다스릴 治, 있을 有, 할 爲, 가벼울 輕, 죽을 死, 구할 求, 날 生, 귀할 厚, 오직 唯, 나을 賢, 어조사 於, 귀할 貴

《해설》

역사적으로도 백성의 생활이 도탄에 빠지는 것은 위정자들의 과중한 세금과 탐관오리의 폐해나 착복, 그리고 호전적인 전쟁이 잦아 백성이 자주 차출당하는 경우가 대부분이다. 과도한 세금은 백성이 기아에 시달리게 된다. 백성을 다스리기 어려운 것은 위정자의 위협과 지나친 간섭이요, 가렴주구(苛斂誅求) 때문이다. 인위적으로 다스리지 말라. 백성이 죽음을 가벼이 여기는 것은 위정자들만 잘 살기를 추구하거나 가혹한 세금 착취 때문이다. 생을 작위가 없는 무위로 이끄는 자는 삶을 귀하게 여기는 자보다 더 낫다.

76장 부드러움이 강함보다 위에 있다.

<small>인 지 생 야 유 약</small>
人之生也 柔弱 : 사람이 태어날 때는 부드럽고 약하지만

<small>기 사 야 견 강</small>
其死也 堅强 : 죽을 때는 굳고 단단하다.

<small>만 물 초 목 지 생 야 유 취</small>
萬物草木之生也 柔脆 : 만물과 초목도 살아있으면 부드럽고 유약하지만

<small>기 사 야 고 고</small>
其死也 枯槁 : 죽으면 마르고 딱딱하다.

<small>고 견 강 자 사 지 도</small>
故 堅强者 死之徒 : 그러므로 굳고 강한 것은 죽음의 무리이고

<small>유 약 자 생 지 도</small>
柔弱者 生之徒 : 부드럽고 약한 것은 살아있는 무리이다.

<small>시 이 병 강 즉 불 승</small>
是以 兵强則不勝 : 이래서 군대도 강하면 이기지 못하고

<small>목 강 즉 공</small>
木强則共 : 나무도 강하면 비바람에 부러진다.

<small>강 대 처 하</small>
强大 處下 : 강하고 큰 것은 아래에 처하고

<small>유 약 처 상</small>
柔弱 處上 : 부드럽고 약한 것은 위에 처한다.

<small>인 지 생 야 유 약</small>
▌人之生也 柔弱 : 사람이 살아있을 때는 유약하다.

<small>기 사 야 견 강</small>
▌其死也 堅强 : 죽으면 몸이 굳고 단단하다.

<small>만 물 초 목 지 생 야 유 취</small>
▌萬物草木之生也 柔脆 : 만물과 초목이 살아있으면 여리고 약하다.

<small>기 사 야 고 고</small>
▌其死也枯槁 : 죽으면 마르고 딱딱하다.

<small>견 강 자 사 지 도</small>
▌堅强者 死之徒 : 굳고 단단한 것은 죽음의 무리

▎柔弱者 生之徒 : 유약한 것은 살아있는 무리

▎是以 兵强則不勝 : 따라서 군대가 너무 강하면 이기지 못한다.

▎木強則共 : 나무가 견고하면 비바람에 잘 부러진다.

▎强大處下 : 강대한 무리는 죽음의 무리이니 결국 아래에 머문다.

▎柔弱處上 : 유약한 것은 살아있는 무리이므로 위에 선다.

▶ 柔자는 木(나무 목)자와 矛(창 모)자가 결합한 모습이다. 矛자는 고대에 사용하던 〈창의 일종〉을 그린 것이다. 柔자는 본래 나무에서 올라오는 〈새순〉을 뜻하기 위해 만든 글자이다. 아무리 딱딱한 나무일지라도 봄이 되어 올라오는 새순은 부드럽고 연약하다. 그래서 柔자는 〈부드럽다, 순하다, 여리다〉라는 뜻으로 쓰이게 되었다.

사람 人, ~의 之, 날 生, 부드러울 柔, 약할 弱, 놈 者, 그 其, 죽을 死, 굳을 堅, 굳셀 强, 만물 萬, 만물 物, 풀 草, 나무 木, 무를 脆, 마를 枯, 딱딱할 槁, 그러므로 故, 무리 徒, 이 是, 써 以, 병기 兵, 곧 則, 이길 勝, 부러질 共, 아래 下, 머물 處, 윗 上

《해설》

생과 사를 비교하고 유약하면 堅强을 이기는 것이니 유약을 가까이하는 삶을 살고, 견강을 멀리하라는 장이다. 사람이나 초목은 생명이 있으면 부드럽고 연약하지만 죽으면 굳어서 딱딱하다. 그러나 죽으면 생기를 잃은 것이니 딱딱하고 굳어져 있고 잘 부러지는 것이 만물의 이치다. 생기는 살아 있는 기(氣)요, 생명을 살리는 에너지다. 한없이 부드럽고 약한 듯하지만, 사람과 만물이 살아가는 힘이다. 이런 자연의 이치는 그대로 우리가 살아가는 삶에서도 부드럽고 유약해야만 한다는 것이다. 심지어 군대조차도 강하면 이기지 못하니 강하면 아래에 존재하고 유약하면 위에 존재한다(强下

弱上). 이것이 세상의 궁극적인 순리요, 아름다운 도리라고 주장한다. 老子는 柔脆의 의미로 弱, 虛, 靜, 卑, 嗇이라는 말을 자주 써왔다. 또한 이 유약을 谷神, 玄牝이라 하여 여성과 물의 상징적 표현으로도 밝힌다. 또한 유약을 상징하는 어린아이를 嬰, 孩를 비유로 든다.

77장 남는 것을 덜어내서 부족한 곳에 보태준다.

天之道 其猶張弓 : 천도는 마치 활시위를 매는 것과 같다.
高者抑之 下者擧之 : 높으면 눌러주고, 낮으면 높여주며
有餘者損之 不足者補之 : 남으면 줄여주고, 부족하면 보태준다.

天之道 損有餘 而補不足 : 천도는 남으면 줄이고 부족하면 보태주지만
人之道則不然 : 人道는 그렇지 않아서
損不足 以奉有餘 : 부족한 자에게서 빼앗아 넉넉한 자에게 바친다.

孰能有餘 以奉天下 : 누가 남는 것을 천하에 바치겠는가?
唯有道者 : 오직 道를 가진 자만 할 수 있을 뿐이다.

是以 聖人爲而不恃 : 따라서 성인은 인위적인 것에 의지하지 않고
功成而不處 : 공을 이뤘으되 거기에 머물지 않고
其不欲見賢 : 자신의 현명함을 드러내고 싶지 않기 때문이다.

▍天之道 : 천지자연의 이치

▍其猶張弓 : 활대에 활줄을 메우는 것과 비슷하다.
· 張弓 : 활대에 활줄을 펴는 것
· 張 : 활대에 줄을 펴다. 베푼다. 늘이다.

244 · 약학박사가 풀어 쓴 『老子』이야기

▮高者抑之 : 활대의 높은 곳을 눌러 고르게 하는 것
☞ 활시위와 활대 사이가 너무 높으면 낮춰주고, 낮으면 높여서 활을 만드는 과정을 설명한 것

▮下者擧之 : 활대의 낮은 곳을 높여 붙들어 매는 것

▮有餘者損之 不足者補之 : (활을 만들 때 활줄의 길이가 남거나 모자라지 않게 조정하는 것으로) 너무 길어서 여유가 있으면 활줄을 줄이고 너무 부족하면 더해서 활줄을 알맞게 하다.

▮損有餘 : 여유가 있으면 줄여주고

▮而補不足 : 부족하면 보태준다.

▮人之道則不然 : 그러나 人道는 그렇지 않아서

▮損不足 : 모자란 것을 줄여준다.

▮以奉有餘 : 넉넉한 쪽에 보태려 한다.

▮孰能有餘以奉天下 : 누가 남는 것을 세상에 바치겠는가?

▮孰能 : 누가 능히.

▮唯有道者 : 오직 道를 가진 자만 할 수 있다.

▮爲而不恃 : 자신이 행하고 의지하지 않고

▮功成而不處 : 공을 이뤘으되 거기에 머물지 않고

■ 其不欲見賢 : 자신의 현명함을 드러내려 하지 않는다.

■ 以奉有餘 : 남는 것을 베풀다. 넉넉한 것을 베풀다.

▶ 張자는 弓(활 궁)자와 長(길 장)자가 결합한 모습이다. 長자는 〈머리가 긴 노인〉을 그린 것으로 〈길다〉라는 뜻이 있다. 여기에 弓자를 결합한 張자는 화살을 멀리 쏜다는 의미에서 〈널리 퍼트리다〉라는 뜻을 갖게 되었다.

오히려 猶, 활줄 메울 張, 활 弓, 높을 高, 것 者, 누를 抑, 들 擧, 남을 餘, 덜 損, 더할 補, 받들 奉, 누구 孰, 자랑할 恃, 공로 功, 머물 處, 하고자 할 欲, 나타낼 見, 어질 賢

《해설》

無爲의 天道와 人爲의 人道를 비유한 장이다. 천도는 활대를 만드는 방법과 같다. 부익부, 빈익빈, 약육강식이다. 돈 많은 자는 더욱더 많아지고 적은 자는 점점 더 적어지는 현상이다. 이것은 인위와 유위에 물든 현대인이 살아가는 자본주의 사회의 일그러진 현상이다. 道 앞에서의 평등이 아니라 빈부로, 귀천으로, 강약으로 나뉘고, 賢愚善惡, 上下 등 분별이 생긴다. 그렇다면 이런 사회에서 누가 세상을 위해서 봉사할 것인가? 그것은 有道者만이 할 수 있다. 천도는 같이 잘 살고 번영하기 위해서는 〈무위〉의 나눔과 소유를 하는 법이지, 인위적인 차별을 행하지 않는다. 천도는 張弓法처럼 조화를 이룬다. 그 조화작용은 창조의 바탕을 이루는 것이다. 훌륭한 지도자는 위대한 일을 이뤘으되 자랑하지 않고, 큰 공을 세웠다 할지라도 그 자리를 탐하지 않으며 현명하다고 내보이지도 않는다.

78장 부드러움이 강한 것을 이긴다.

天下 莫柔弱於水 : 천하에 물보다 유약한 것은 없으나
而攻堅强者 : 단단한 것을 쳐서 이기는 데는
莫之能勝 : 물을 능가할 것이 없고
以其無以易之 : 이를 대신할 만한 것이 없다.

弱之勝强 : 약한 것이 강한 것을 이기고
柔之勝剛 : 부드러운 것이 굳센 것을 이기는 것은
天下莫不知 : 천하에 모르는 사람이 없지만
莫能行 : 행하는 사람은 없다.

是以 聖人云 : 따라서 성인은 말한다.
受國之垢 : "나라의 온갖 허물을 떠안은 사람이야말로
是謂 社稷主 : 나라의 주인이라 하고
受國不祥 : 나라의 온갖 재앙을 짊어지는 사람이야말로
是謂天下王 : 천하의 왕"이라고 한다.
正言 若反 : 바른말은 진실과 반대되는 것 같다.

■天下 莫柔弱於水 : 천하에 물보다 유약한 것은 없다.

· 於 : 비교격으로 ~보다.

■而攻堅强者 莫之能勝 : 단단한 것을 치는 데는 물을 능가할 것이 없다.

■ ^{약지승강}弱之勝强 : 약한 것이 강한 것을 이기고

■ ^{유지승강}柔之勝剛 : 부드러운 것이 굳센 것을 이기는 것은

■ ^{천하막부지}天下莫不知 : 천하에 모르는 사람이 없지만

■ ^{막능행}莫能行 : 행하는 사람은 아무도 없다.

■ ^{이기무이역지}以其無以易之 : 그것을 바꿀 수 없다. 물의 본성을 바꿀 수 없다.
·^기其 : 물을 가리킴

■ ^{수국지구}受國之垢 : 나라의 치욕을 당하는 것

■ ^{시위사직주}是謂社稷主 : 이를 나라의 주인이라 한다.

■ ^{수국불상}受國不祥 : 나라의 재앙을 당하다.
·^{불상}不祥 : 재앙 불행.

■ ^{정언약반}正言若反 : 바른 말(天道)과 반대되는 것처럼 보인다.
· 성인의 말이 세속적인 말과 반대 같지만 실은 진실이다.

없을 莫, 부드러울 柔, 약할 弱, ~보다 於, 물 水, 칠 攻, 굳을 堅, 강할 强, 나을 勝, 바꿀 易, 받을 受, 수치 垢, 토지신 社, 오곡신 稷, 길할 祥, 되돌릴 反

《해설》
물(水)을 예찬한다. 老子 道德經에서 유약과 겸손, 그리고 생성의 상징으로 물을 예로

든다. 유약, 여리고, 부드럽고, 약하고, 힘없는 것의〈덕〉, 그〈덕〉을 물이 지니고 있다. 그렇지만 막강하고 견강한 것을 이기는 데는 그 유약한 물을 당해 낼 수가 없다. 이런 이치를 세상에 모르는 자가 없는데 누구 한 사람 물과 같이 유연한 道를 추구하거나 실행하지 않는다. 성인 말씀에 "나라의 허물을 맡는 자 나라의 주인이요, 나라의 재앙을 떠맡는 자 나라의 왕"이라고 했다. 바른말은 사실과 반대인 것 같다. 유약하고 부드러운 물이 더럽고 낮은 곳으로 흘러가듯 나라의 궂은 일을 도맡아 일으켜 세움은 존경과 영광을 받을 수 있는 존재라는 것이다.

79장 하늘의 道는 親疏가 없고 항상 선한 사람 편이다.

和大怨 : 깊은 원한은 화해하여도
必有餘怨 : 반드시 원한이 남으니
安可以爲善 : 어찌 이를 잘 되었다고 할 수 있겠는가?

是以 聖人 執左契 : 그러므로 성인은 채권(좌계)를 갖고 있어도
而不責於人 : 빚진 자에게 책(독촉)하지 않는다.

有德司契 : 덕이 있으면 "채권(계)를 갖고 있을 뿐이고
無德司徹 : 덕이 없으면 세금의 징수(徹)로 억지로 받아낸다"고 했다.

天道無親 : 천도는 친함이 없으나
常與善人 : 언제나 선한 사람의 편이다.

▎和大怨 : 큰 원한을 풀다.
　·大怨 : 큰 원한, 사무친 원한

▎必有餘怨 : 반드시 남은 원한이 있다.

▎安可以爲善 : 어찌 선한 행동이라고 할 수 있겠느냐?
　·安 : 何, 어찌. (어조사)

▎是以 聖人執左契 : 따라서 훌륭한 지도자는 채권을 가지고 있어도

·契^계 : 채권, 빚문서, 약속.

☞ 契는 옛날에 계약할 때는 나무쪽[牘, 글자를 쓴 나뭇조각)]의 좌우에 계약서를 쓰고 左契(좌권)는 채권자가 갖고, 右契(우권)는 채무자가 가졌다가 빚 갚을 때 좌우 쪽을 대조하여 서로 확인하는 어음을 契라고 한다. 德이 있는 자는 권리를 행사할 수 있는 위치(執左契, 어음)에 있으면서도 독촉하지 않지만 德이 없는 자는 억지로 받아낸다 (司徹, 현물)는 뜻이다. 司契(사계)는 강압적이지 않아 상황과 처지에 따라 상환할 수 있지만 司徹(사철)은 강압적으로 착취하듯 징수하는 것이다. 그러므로 원한이 맺히는 것이다.

▌而不責於人^{이불책어인}; 그 채무자에게 독촉하지 않다.
·責^책 : 독촉하다.

▌有德 司契^{유덕 사계} : 채권을 맡는 것은 德이 있는 것이다.
·司契^{사계} : 채권, 빚문서.

☞ 德이 있는 사람이 無爲, 無事로 左契(어음)를 담당하니 백성은 순수하게 원한이나 餘怨(여원)없이 빚을 갚게 된다는 뜻이다.

▌無德 司徹^{무덕 사철} : 세금을 징수하는 것은 無德, 不德한 것이다.
·司徹^{사철} : 가혹한 세금으로 현물을 징수하다.
·徹^철 : 징수하다. 세법의 일종.

▌天道無親^{천도무친} : 천도는 사사로움(親疏)이 없다. 다 공평하다.
·無親^{무친} : 사사로움이 없다. 편애하지 않다. 누구에게나 똑같다.

▌常與善人^{상여선인} : 항상 선인을 편든다. 선인과 함께한다.

▶ 和^화자는 禾(벼 화)자와 口(입 구)자가 결합한 모습이다. 和자는 먹고살 만하니 〈화목하다, 조화롭다〉와 같이 해석한다.

화할 和, 큰 大, 원망 怨, 남을 餘, 어찌 安, 잡을 執, 빚문서 契, 징수할 徹, 편들 與

해설

좋은 지도자는 백성의 원한을 절대 사지 않는다. 세금으로 수탈하고 많은 법을 만들어 백성을 괴롭히지 마라. 뿌리 깊은 원한은 화해해도 응어리가 남으니 그 화해가 선하다고 할 수 있겠는가.

빚이나 세금을 받는 데도 德이 필요하다. 德이 있는 사람은 빚문서를 가지고 있어도(司契) 백성을 억압하지 않고, 형편을 살펴 무위로 행하니 결국은 빚(세금)을 받게 되고, 덕이 없는 사람은 세금 징수하듯 강압적이고, 억지로 행하여 수탈한다. 상대의 사정과 입장을 고려하는 무위, 무사의 도의 입장을 취하라. 그래야 원한과 여원이 없다. 하늘의 도에는 사사로움이 없고 언제나 덕을 가진 선한 사람 편이다.

80장 작은 나라에 적은 백성

小國寡民 : 이상적인 나라는 작고 인구가 적게 하여
使有什伯之器 而不用 : 십여 가지 기물이 있어도 쓰지 않게 하고
使民重死 : 백성이 목숨을 소중히 여기도록 하여
而不遠徙 : 멀리 옮겨 다니지 않게 한다.

雖有舟輿 無所乘之 : 비록 배와 수레가 있어도 탈 곳을 없게 하고
雖有甲兵 無所陳之 : 갑옷과 무기가 있어도 진을 칠 곳이 없게 하고
使人復結繩而用之 : 백성들이 다시 끈을 묶어 약속의 표시로 쓰게 하고
甘其食 美其服 : 음식을 맛있게, 의복을 곱게 입고
安其居 樂其俗 : 거처에 편하게 풍속을 즐기게 한다.

隣國 相望 : 이웃 나라가 서로 바라보며
鷄犬之聲 相聞 : 닭 울고 개 짖는 소리가 들릴지라도
民至老死不相往來 : 백성은 늙어 죽을 때까지 서로 왕래하지 않는다.

▌小國寡民 : 작은 나라의 적은 백성

▌使有什伯之器而不用 : 여러 가지 도구가 있지만, 이것을 사용하지 않게 하다.
  · 什伯 : 많은, 여러 가지.

▌使民重死而不遠徙 : 백성들에게 죽음을 막중하게 여겨 멀리 이사 가지 않게 하다.

■ ^{수 유 주 여} ^{무 소 승 지}
■ 雖有舟輿 無所乘之 : 배와 수레가 있어도 이를 탈 곳이 없게 하다.

■ ^{수 유 갑 병 무 소 진 지}
■ 雖有甲兵無所陳之 : 갑옷과 무기가 있어도 진열할 곳이 없게 하다.

■ ^{사 인 부 결 승 이 용 지}
■ 使人復結繩而用之 : 백성들로 하여금 두루 끈을 묶어서 쓰게 하다.

☞ 結繩이란 글자가 없던 때, 끈이나 새끼로 매듭을 지어 의사나 약속의 표시로 쓰던 옛 관습으로 소박하고 순진했던 옛날에 대한 그리움이다.

■ ^{감 기 식}
■ 甘其食 : (성인의 나라 백성은) 음식을 맛있게 먹고

■ ^{미 기 복}
■ 美其服 : 의복을 곱게 입고

■ ^{안 기 거}
■ 安其居 : 거처는 편안하고

■ ^{낙 기 속}
■ 樂其俗 : 풍속을 즐겼다.

■ ^{인 국 상 망}
■ 隣國相望 : 이웃 나라끼리 서로 바라만 보다. 바라보기만 할 뿐 왕래가 없다는 뜻.

■ ^{계 견 지 성} ^{상 문}
■ 鷄犬之聲 相聞 : 닭 울음소리와 개 짖는 소리가 들리다.

■ ^{민 지 노 사 불 상 왕 래}
■ 民至老死不相往來 : 백성은 늙어 죽을 때까지 서로 왕래가 없다.

▶ ^기器자는 〈그릇, 접시, 도구〉라는 뜻을 가진 글자이다. 器자는 犬(개 견)자와 네 개의 口(입 구)자가 결합한 모습이다. 器자가 본래는 〈개가 짖다〉라는 뜻이다. 후대에 嚚자가 器자로 잘못 옮겨진 것은 아닌가 한다.

적을 寡, 열 什, 맏 伯, 그릇 器, 시킬 使, 무거울 重, 옮길 徙, 그리고 而, 비록 雖, 배 舟, 수레 輿, 탈 乘, 갑옷 甲, 무기 兵, 늘어놓을 陳, 돌아올 復, 맺을 結, 새끼 줄 繩, 달 甘, 먹을 食, 아름다울 美, 옷 服, 편안 安, 살 居, 풍속 俗, 이웃 隣, 서로 相, 바라볼 望, 닭 鷄, 개 犬, 소리 聲, 들을 聞, 이를 至, 늙을 老, 죽을 死, 갈 往, 올 來

해설

老子는 편안을 추구했지, 편리를 추구하지 않았다. 문명의 이기는 노동을 경감하고 삶을 풍부하고 화려하게 할 수 있을지 모르지만, 나태와 낭비, 그리고 마음을 천박하게 한다. 老子가 꿈꾸던 이상 사회는 인위적으로 문화적으로 발달한 요즘 시각으로 문명국가나 중앙집권적 체제가 아니었다. 小國寡民, 작은 나라에 적은 백성을 가장 이상적인 규모로 보았다. 나라의 규모가 작고 백성의 숫자도 적은 국가에 발달된 이기도 사용하지 않고, 멀리 이사 가지 않고 고향에서 살게 하는 것이었다. 교통수단으로 배와 수레가 있어도 탈 만한 곳이 없었고, 전쟁용 갑옷과 무기가 있어도 진열할 곳이 없게 하였다. 백성들 간에 다시 새끼를 묶어 약속하게 하고, 의식주를 안락하게 하였고, 미풍양속을 즐기게 하였다. 이웃 국가를 서로 바라보고 닭이나 개의 소리가 들릴 만큼 가까워도 평생 왕래할 필요가 없었다.

81장   진실한 말은 아름답게 꾸미지 않는다.

^{신 언} ^{불 미}
信言 不美 : 진실한 말은 아름답지 않고,
^{미 언} ^{불 신}
美言 不信 : 아름다운 말은 진실하지 않다.

^{선 자} ^{불 변}
善者 不辯 : 선한 자는 말을 잘 못하고
^{변 자} ^{불 선}
辯者 不善 : 말을 잘 하는 자는 선하지 않다.

^{지 자} ^{불 박}
知者 不博 : 아는 사람은 박식하지 않고
^{박 자} ^{부 지}
博者 不知 : 박식한 자는 알지 못한다.

^{성 인 부 적}
聖人不積 : 성인은 德을 쌓아두지 않으니
^{기 이 위 인}
旣以爲人 : 이미 남을 위해 베풀기 때문에
^{기 유 유}
己愈有 : 자신은 더욱더 넉넉하게 되고
^{기 이 여 인}
旣以與人 : 이미 남에게 다 주었지만
^{기 유 다}
己愈多 : 자신은 더욱더 많아진다.

^{천 지 도} ^{이 이 불 해}
天地道 利而不害 : 천지의 道는 이롭게 할 뿐 해가 없으며
^{성 인 지 도} ^{위 이 부 쟁}
聖人之道 爲而不爭 : 성인의 道는 행하되 다투지 않는다.

주

^{신 언} ^{불 미}
▮信言 不美 : 진실한 말은 아름답게 꾸미지 않는다.

^{미 언} ^{불 신}
▮美言 不信 : 아름답게 꾸민 말은 진실하지 않다.

- **美言(미언)** : 겉만 화려한 말

- **善者 不辯(선자 불변)** : 참한 이는 말을 잘하지 못하다.

- **辯者 不善(변자 불선)** : 말을 잘하는 사람은 선하지 않다.

- **知者 不博(지자 불박)** : 지식이 있는 자는 道에 대해 근원적 지혜가 없다.

- **博者 不知(박자 부지)** : 박식한 자는 지혜롭지 않다.

☞ 老子가 말하는 지식은 일반 지식이 아니라 인간의 근원적인 道에 대한 지혜를 말한다.

- **聖人不積(성인부적)** : 성인은 쌓아두지 않는데 남을 위해 베풀었기 때문이다.

- **旣以爲人 己愈有(기이위인 기유유)** : 훌륭한 지도자는 德을 남을 위해 베풀었기 때문에 자기 자신이 훨씬 더 많이 德을 소유하게 된다.

- **旣以與人己愈多(기이여인기유다)** : 남에게 베풀었기 때문에 자신의 것이 훨씬 더 많아진다.

- **天之道利而不害(천지도이이불해)** : 하늘의 道는 이로울 뿐 해를 끼치지 않는다.

- **爲而不爭(위이부쟁)** : 행하되 싸우지 않는다.

진실 信, 말씀 言, 아름다울 美, 말 잘할 辯, 쌓을 積, 다할 旣, 점점 愈, 줄 與, 해로울 害, 다툴 爭

◀︎해설▶︎

이 마지막 장은 세상을 살아감에 필요한 말과 지식, 그리고 재물을 논한 장이다. 진실한 말은 절대 아름답지 않고, 미사여구를 동원한 번지르르한 말이나 달변, 웅변은 진실하지 못한 것이라고 했다. 지식이란 유교에서 말하는 널리 배우고 많이 알아야 하는 박학다식이 아니다. 그것은 오히려 道의 근원적인 물음에 대해서는 더 모르고 해친다. 훌륭한 지도자는 덕을 자신을 위해 쌓아두지 않고 남을 위해 베풀지만 덕은 오히려 늘어난다. 〈천도〉는 만물을 이롭게 할 뿐 해를 끼치지 않으며 행하되 다투지 않음을 강조한다. 따라서 道德經 역시 不美, 不辨, 不博, 不積, 不爭의 말로 꾸며져 있음을 암시한다.

부록

老子와 道德經에 대한 심층 정보

1. 老子는 누구인가?

老子라는 인물의 실존 여부는 불분명하며 논란의 대상이다.

- **사마천(司馬遷)의 기록**: 《사기(史記)》에 따르면 老子는 초나라 고현 출신으로, 이름은 이이(李耳), 자는 이담(李聃)이며 주나라의 도서관장(사관)을 지냈다고 한다. 주나라가 쇠락 후 관직을 버리고 서쪽으로 향하던 중 함곡관에서 윤희의 요청으로 道德經을 남기고 종적을 감췄다고 전해진다.

- **다른 설들**:
  · 孔子와 동시대 인물인 초나라의 노래자(老萊子)가 老子라는 설.
  · 孔子 사후 활동한 주나라 태사 담(聃)이 老子라는 설.
  · 150~200세 이상 장수했다는 설 등이 있다.

- **孔子와의 만남**: 孔子가 老子에게 예(禮)에 대해 물었다는 기록이 있지만, 내용의 모순으로 인해 전설로 여겨진다. 전설에 따르면 老子는 孔子의 인위적인 행위와 야망을 질책했고, 孔子는 老子를 용(龍)에 비유하며 깊은 감명을 받았다고 한다.

- **신격화(神格化)**: 후한 시대에 이르러 老子는 신격화되어 여러 신화가 만들어졌으며, 오얏나무 아래에서 태어나 이(李) 씨가 되었다는 전설도 있다.

- **저작(著作) 시기에 대한 논쟁**: 청대의 최술은 노자가 양주의 위작이라고 주장했으나, 현재 학계에서는 老子가 전국시대에 간행되었다는 것이 일반적인 견해이다.

2. 老子 道德經

道德經은 중국 道家 철학의 시조인 老子가 저술했다고 전해지는 책으로, 약 5,000여 자의 짧은 경문으로 이루어졌다. 상편 37장을 도경(道經), 하편 44장을 덕경(德經)이라 하며, 총 81장으로 구성되어 있다.

- **주요 내용**:
1) 道의 개념:

- **萬物의 근원**: 우주 만물의 생성과 변화의 근원적인 힘이자 법칙으로, 형체가 없는 無에서 비롯되어 만물을 낳고 기르는 有의 작용을 포괄한다.

- **自然의 법칙**: 인위적인 것을 배제하고 스스로 그러한 자연스러운 법칙이며, 억지로 하지 않아도 모든 것이 자연스럽게 이루어지는 원리이다.

- **言語 초월**: 언어로 설명하거나 규정할 수 없으며, 억지로 이름을 붙이는 순간 본질에서 멀어지므로 직관과 깨달음을 통해 이해해야 한다.

2) 德의 함양:
- **道의 내면화**: 형이상학적인 道가 개인의 내면에서 체득되어 발현되는 것으로, 道의 속성인 유약함, 겸손함, 이타심 등을 갖추는 것이 德을 쌓는 것이다.

- **상선약수(上善若水)**: 최고의 德은 물과 같다는 비유로, 겸손하고 낮은 곳으로 흐르면서 만물을 이롭게 하는 이타심의 德을 강조한다.

3) 無爲自然의 삶:
- **인위적인 행위 지양**: 인간의 욕망과 인위적인 행위를 최소화하고 자연의 흐름에 순응하는 삶을 강조하며, 억지로 다스리기보다 본래 상태를 유지하는 것이 최선이라고 본다.

- **무리하지 않는 처신**: 적극적인 처신보다 뒤로 물러나 관찰하고, 다투기보다 겸손하게 양보하는 태도를 존중하며, 무위의 실천을 통해 더 큰 성취를 이룰 수 있음을 시사한다. 이는 소극적인 것이 아닌, 억지와 무리가 오래 지속될 수 없음을 강조하는 것이다.

4) 이상적인 정치와 지도자:
- **소국과민(小國寡民)**: 작은 나라에 적은 백성으로 인위적인 문명과 규제 없이 자연스럽게 사는 이상적인 사회를 제시한다.

- **無爲의 통치 방식**: 지도자는 백성을 억압하거나 간섭하기보다 무위의 자세로 다스리고, 백성의 본성을 존중하며 규제를 최소화하여 백성들이 삶을 즐기도록 하는 것이 현명한 통치라고 본다.

5) 지혜와 깨달음:
- **욕망의 절제**: 인간의 욕망은 고통과 갈등의 근원이므로 욕망을 줄이고 마음을 비우

는 것이 지혜의 시작이다.

- **겸손과 포용**: 자신을 낮추고 다른 사람을 포용하는 마음이 중요하며, 모든 존재를 차별 없이 대하는 것이 道의 정신에 부합한다.

道德經은 간결한 문장 속에 깊은 철학적 의미를 담고 있으며, 자연과의 조화, 無爲의 삶, 겸손과 비움을 통해 개인의 내면적 평화를 얻고 나아가 이상적인 사회를 구현하는 지혜를 제시한다.

3. 老子의 사상과 영향
老子의 사상은 道가 사상의 핵심을 이루며, 동아시아 사상의 중요한 축으로서 다양한 분야에 영향을 끼쳤다.

- **철학 및 사상**: 자연주의, 은둔 사상, 신선 사상 등에 영향을 주었으며, 위진 남북조 시대 현학 발달과 한국 도교 사상 형성에 중요한 역할을 했다.

- **정치**: 무위자연 사상은 통치자가 인위적인 정책을 강요하기보다 백성 스스로의 힘에 맡기는 無爲之治의 통치 이념에 영향을 끼쳤다.

- **문화 및 예술**: 자연과의 조화를 중시하는 동양 예술의 정신적 기반이 되어 산수화, 정원 예술 등 자연 소재 예술 작품에 큰 영향을 주었으며, 은둔과 자연을 즐기는 문화를 형성하는 데 기여했다.

- **개인의 삶**: 현대 사회에서도 개인의 삶에 깊은 통찰을 제공하며, 치열한 경쟁과 갈등 속에서 벗어나 자연스러운 삶과 내면의 평화를 추구하는 가치관은 많은 현대인에게 영감과 안정을 준다. 스트레스 해소, 내면의 깨달음, 마음 챙김, 명상 등 현대인의 정신 건강에 긍정적인 영향을 미치고 있다.

4. 《老子》《道德經》 주요 판본과 특징
현행 老子 道德經은 여러 차례 편집되어 기원전 4세기경 현재의 형태로 성립되었으며, 다양한 판본이 존재한다. 전문가들은 판본에 따른 내용 차이가 지엽적이며 老子 사상의 핵심에는 큰 차이가 없다고 본다.

- **서한 하상공(河上公)의 《노자장구》계열 판본**:
  가장 오래된 주석서로 오랜 기간 유행했으나 저자는 불분명하다.

- 위(魏)나라 왕필(王弼)의 《노자주》 계열 판본:
삼국시대 왕필이 정리한 판본으로, 현재 가장 널리 유포되어 있다.

- 당(唐)나라 부혁(傅奕)의 《道德經古本編》 및 〈개원어주본〉:
하상공본과 왕필본을 참조하여 만들어졌다.

- 송팽사(宋彭耜)의 《道德眞經集注》

- 1973년 마왕퇴 한묘 백서 《老子》 갑·을본:
도경과 덕경의 순서가 현행본과 다르다.

- 1993년 곽점촌 죽간 《老子》:
장 구분 없이 순서와 내용이 현행본과 많이 다르다.

참고문헌, 출처

- 위키피디아
- 네이버.
- 道德經(盧台俊)
- 노자 81장(尹在根)
- 오쇼 강의(두드리지 마라. 문은 열려있다)
- 동양고전종합DB

약학박사가 풀어 쓴 『老子』이야기

발 행 처	노자
초 판 인 쇄	2025년 7월 01일
가 격	18,000원
저 자	오익상
편집·인쇄	㈜북크리
주 소	경기도 파주시 문발로 405
전 화	031-946-4447
팩 스	031-946-4446
ISBN	979-11-99332-20-1-03140

이 책의 저작권은 노자에 있습니다.
저작권법에 의하여 보호를 받는 저작물이므로 무단 전재와 복제를 금합니다.